Weil Nori ein Hund ist

Eine wahre Hundegeschichte

'Wundern darf es mich nicht, dass manche die Hunde verleumden; denn es beschämt zu oft leider den Menschen der Hund.'
(Arthur Schopenhauer)

H.P.Barkam

Weil Nori ein Hund ist

Eine wahre Hundegeschichte

Ganz XXXX ist zugeschissen von diesen lauten, ekelerregenden Viechern, die einen zu allem Überfluss auch noch entweder beißen oder saudumm angucken. Ich hasse Hunde, nicht nur weil sie stinken wie eine alte feuchte Wolldecke, bellen und Kinder fressen, nein, auch weil sie ihre Nase in sämtliche Pissflecken der Stadt halten und diese dann an meiner Hose sauber wischen. Aber vor allem scheißen sie ganze Städte zu und manchmal sieht es aus, als würde man Hinkepott spielen, wenn man zum Bäcker geht, weil man von sauberem Fleck zu sauberem Fleck springen muss. Noch schlimmer als Hunde sind allerdings Hundehalter. Wenn die Aufforderung, den Haufen ihres verfickten Köters, den der selbe gerade in unseren Garten geschissen hat doch bitte mitzunehmen und umweltgerecht zu entsorgen, weil hier bisweilen Kinder spielen würden, wenn diese Aufforderung beantwortet wird mit einem: »Nö, ich zahle schließlich Hundesteuer!« - »DARF ICH AUCH MEIN ALTÖL IN IHREN GARTEN KIPPEN, WO ICH DOCH KFZ-STEUER BEZAHLE, SIE SCHIRMSTÄNDER????« *- oder noch besser:* »Da kann ich nichts für, der Hund hat Durchfall.«, *dann könnte ich durchdrehen, ja, wenn ich das noch EINMAL erleben muss, dann werde ich töten. Aber mal echt.*

(Den Namen des Verfassers im Original sowie der Name der Stadt, in der dieser leben musste oder vielleicht noch muss, wurden von mir unkenntlich gemacht. Ansonsten habe ich keinen Buchstaben des Textes verändert.)

Dieser, aus einem Internetforum kopierte und damit im Original zitierte Artikel, im Zusammenhang mit den beunruhigenden Vorfällen rund um die Hunde in meinem Wohnort Ottmarsbocholt, hat mich dazu veranlasst, die folgenden Episoden niederzuschreiben.

Zwei Schatten flitzten durch meine Beine. Streitsüchtige Hunde, die sich gegenseitig fertig machen wollten. Fünf Sekunden später und nur drei Meter weiter beschnupperten sich die beiden Rüden friedlich. Mein *Seppenrader Black Nori* Senfhund und Jack, der kleine zweifarbige Russel des *Stummen* hatten sich scheinbar zum spielen verabredet.

Das hätten sie uns Herrchen auch sagen müssen, vielleicht wäre der *Stumme* dann ausnahmsweise einmal mit seinem Fahrrad stehen geblieben. Obwohl, der junge Mann hatte noch nie angehalten; und schon gar nicht zum Gespräch. Deshalb nannte ich ihn auch den *Stummen*. War er ja womöglich wirklich.

Was wusste ich schon von den Menschen, mit denen ich seit mehr als 8 Jahren in Ottmarsbocholt zusammenlebte. Also benannte ich viele meiner Nachbarn mehr oder weniger liebevoll nach ihren Äußerlichkeiten oder Verhaltensmerkmalen.

Unsere beiden kleinen Rabauken ließen sich jedenfalls durch die sprachlose Begegnung ihrer Alpha Tiere nicht stören. Mitten auf dem Asphalt vorm Sportplatz jagten sie sich gegenseitig die Straße rauf und runter, wie allzu klein geratene jedoch gut gedopte Windhunde. Die Köter hatten Spaß wie Bolle und freuten sich ihres Lebens, bis der *Stumme* pfiff und Jack sofort seinem Chef auf zwei Rädern folgte.

Erfreut, dass der *Stumme* zumindest pfeifen konnte und neidvoll beeindruckt, wie gehorsam sein Hund sofort hinter ihm hergelaufen war, sah ich mich nach meinem schwarzen Kampfhund um.

Ganz klar, hier galt es auf der Stelle Nori darauf aufmerksam zu machen, wie gut der andere Hunde hörte, wenn sein Herrchen nur Pfiff.

Was musste ich mir dagegen oftmals den Mund fusselig labern, rufen und argumentieren, bis mein kleiner Dickkopf geruhte, sich ein Leckerchen abzuholen.

Dunkle, fruchtbare Erde im frisch gepflügten Acker ruhte in ihrem Glanz, angelehnt an den Bürgersteig auf dem ich den aufkommenden schönen Oktobertag entgegensah.

Vom Morgentau noch feuchtglänzendes, goldfarbenes Laub lag zu kleinen Hügeln aufgeblasen am Wiesenrand auf der anderen Straßenseite. Ich genoss die Ruhe, den natürlichen Geruch des Lehms, in dessen Furchen ich meinen kleinen Wuff entdeckte.

Leise, um die pickenden Tauben unweit von ihm nicht zu stören, bat ich ihn schnell zu mir zu kommen. Springfreudig wie ein Känguru, hüpfte Nori über den Acker auf mich zu, schoss wie der Blitz an mir vorbei und stürzte sich auf die eine Viertelstunde zuvor vom Kleinlaster des Bauhofs platt gefahrenen Pferdeäpfel auf der Straße.

Die Kombination von saftigem Grün, bunten Blättern, dunkler Erde und einem durchgeknallten Straßenköter erzeugte eine dörfliche Atmosphäre der Ruhe und Gelassenheit, die durch das friedliche Spiel des Hundes mit dem Pferdekot für einen kleinen Moment ihre Vollendung fand.

„Nehmen sie Ihren Hund besser an die Leine!" wurde ich freundlich aber bestimmt aufgefordert, meinen kleinen Racker nicht frei herumlaufen zu lassen.
Wie mich das nervte!

Ich drehte mich um, eine patzige Antwort auf den Lippen. Nanu! Seit wann hielt der *Reiter* nicht nur Fahrrad statt Pferd in der Hand, sondern auch seinen Schäferhund an der Leine? Der Mann, dass wusste ich, kam wie jeden Morgen von seinen Pferden, die nur unweit auf einer Koppel mit Unterstand untergebracht waren. Den Hund hatte ich hier draußen noch nie an der Leine gesehen. Fragend lächelte ich ihn an.

„Wahrscheinlich haben sie es noch nicht gehört, aber mir wurde erzählt, dass vergiftetes Fleisch gefunden wurde", teilte mir der *Reiter* mit, während sich sein Hund darüber ärgerte, dass Nori noch immer frei herumlief.

„Giftköder?" fragte ich. Ich hatte mir bis zu diesem Tag noch nie Gedanken darüber gemacht, dass meinem Hund etwas passieren könnte. Ich ließ ihn fressen und laufen, wie es sein Naturell verlangte. Allerdings hatte ich ihm schnell beigebracht, sich ausschließlich in Büschen, an Bäumen oder hohem Gras zu lösen. Dass er ständig ein paar Tröpfchen Markierungen verteilte, fand ich eher komisch, lernte allerdings bald, dass es Nachbarn gab, die das anders sahen als ich. Also lernte der Hund als nächstes, nicht auf fremde Grundstücke zu laufen.

Klappte nicht immer, aber meistens.

Nori, mittlerweile zehn Monate alt, war mein erster Hund.

Eine selbst verordnete therapeutisch-pädagogisch motivierte Maßnahme, welche mir half, nicht nur in der Bude zu hocken und Geschichten zu schreiben, die nur wenige interessierten.

Nach dieser kurzen gedanklichen Exkursion in meine kleine Welt als Hundehalter, fand ich zurück zu dem soeben Gehörten.

Tierquälerei war nichts Neues.

Noch nicht lange her, hatte es eine Gruppe von jungen Menschen aus unserer Gegend für lustig gefunden, Tiere an ihre Autos zu binden und hinterher zu schleifen; sie mit ihren Händen zu quälen und auch zu töten.

Waren die eigentlich dafür bestraft worden? Ich wusste es nicht. Nach dem der Skandal bekannt wurde, hatten sogar überregionale Zeitungen mit großen Aufmachern davon berichtet. Bis auf ein oder zwei kleine Meldungen in der regionalen Presse, hatte ich bald nichts mehr darüber gelesen.

Nun gut, hier ging es womöglich um etwas anderes.

Vielleicht hasste jemand Hunde sosehr, dass er glaubte, sie mit Gift ausmerzen zu müssen. Gab es tatsächlich jemanden, der eine solche kriminelle Energie aufbrachte, musste er oder sie mehr als nur eine Abneigung gegen Hunde entwickelt haben.

Tiere im Allgemeinen, Hunde und Katzen im Besonderen, wurden nun Mal nicht nur geliebt. Angst und Unkenntnis waren schon immer Auslöser für unnütze Konflikte. Menschen, die Hunde nicht mochten oder gar fürchteten, ebenso einige Hundehalter, suchten oftmals das Gegeneinander anstatt ein Miteinander zu gestalten.

Ich bildete da leider zu Beginn meiner Karriere als Hundebesitzer keine Ausnahme. Übrigens sehr zum Unwillen meiner Gemahlin.

Mitmenschen, denen Nori mit seinem manchmal lästigen Gebell vor der Volksbank auf die Nerven ging, hatten mich schon angegiftet. Zu Recht, wie ich zugeben musste.

Mein Hund konnte beängstigend penetrant um Menschen herumspringen, mit denen er spielen wollte oder über die er sich ärgerte. Wer mochte das schon außer mir zu erkennen. Natürlich griff er niemanden an. Dann wäre er von mir nie mehr ohne Leine gelaufen! Warum er manchmal verärgert war, hat er mir nie erklärt. Ich vermute, dass er die Größe seines Reviers falsch ein- und sich selbst maßlos überschätzte.

Als ein anderes, besonderes Völkchen erlebte ich allerdings VorgartenbesitzerInnen. Ich habe es wirklich nicht selten erlebt, wie Nachbarn, hinter Gardinen oder Zäunen verborgen, meinen kleinen Nori auflauerten, wenn er tröpfchenweise seine Pipiproben auf Pflanzen und Randsteine verteilte.

Hastig zur Seite gezerrte Gardinen oder sogar aus Haustüren hervorspringende Menschen bewarfen uns mit giftigen Blicken oder hysterischen Ermahnungen, selbst wenn mein kleiner Schnüffler seine Schnauze nur in die Nähe einer Staude hielt. Es gab Straßen in Otti-Botti, die ich deshalb immer häufiger mied. Aber dass es Menschen geben sollte, die bewusst Hunde und Katzen vergifteten, mochte ich zu diesem Zeitpunkt noch nicht glauben.

Also warf ich zweifelnd ob dieser Information meinen Blick über Acker, Wiese und den noch im leichten Dunst verborgenen Waldrand, ohne auch nur einen Hinweis auf Gift entdecken zu können. Die Sonne wärmte uns. Ein prächtiger bunter Herbsttag kündigte seinen Verbleib an. Meine Skepsis blieb ebenfalls.

Während der *Reiter* die ihm zugetragenen Informationen an mich weitergab und wir uns über die Konsequenzen unterhielten, ertrug des *Reiter*s Schäferhund gelassen Leine und meinen gelangweilten Nori.

Als dieser plötzlich seine Nase in die Luft hielt und mit dem Schwanz wedelte, wusste ich sofort, dass sich ein weiterer Hund im Anmarsch befand.

Ich drehte mich um, und tatsächlich näherte sich der nächste Schäferhund mit seiner radelnden Hundebegleiterin.

„Sie sollten unbedingt ihre Hunde an die Leine nehmen. Der Erste ist schon tot", warf sie uns als Begrüßung an den Kopf, kaum dass ihr Hund sie zum Halten genötigt hatte, um Seinesgleichen zu begrüßen. Dass mein Wuff kaum beachtet wurde, tat ihm und mir weh. Ich beschloss, wenigstens mich wichtig zu machen: „Welcher Hund?"

Auf der Stelle wurden uns Halter- und Hundename sowie die ungefähre Gegend seiner Herkunft genannt. Ich machte auf wissend.

Da ich, wie bereits erwähnt, die Namen meiner Nachbarn nicht kenne, merkte ich mir auch nicht den Hundenamen.

Von gekochtem, heimtückisch unter Laub verstecktem Hühnerfleisch wusste die mir auch nur vom Sehen bekannte Frau zu berichten, das angeblich im Bereich des Sportplatzes und den nahe gelegenen Waldwegen gefunden worden war.

Wir trennten uns mit dem Vorsatz, weitere Hundehalter zu informieren. Da die Schäferhunde mit ihren Begleitern auf Rädern schneller waren als mein dackelbeiniger Hund und ich, waren wir alsbald wieder alleine.

Irgendwie war uns der Morgen vermiest! Nori, weil die großen Hunde nicht mit ihm getobt oder zumindest geschnüffelt hatten, mir bei dem Gedanken, meinen Allesfresser der Gefahr eines Giftanschlags auszusetzen, wenn ich ihn nicht streng an die Leine nahm.

„Bange machen gilt nicht", erklärte ich tapfer und ließ ihn in Richtung Friedhof abzischen. Noris Einverständnis zum Risiko setzte ich voraus. Zu Hause angekommen, war mein Hund hungrig und ich außer Atem. Es war anstrengend, wie angestochen zu jeder Stelle hinzurennen, an der der Hund seine Nase senkte.

Mein Köter schnüffelte sein Leben gern!

Am Mittag, unsere zweiter Spaziergang war fällig, wählte ich eine andere Route. Ansonsten dachte ich nicht weiter über den Morgen nach. Was sollte das auch bringen? Ich würde das Gebiet um den Sportplatz ein paar Tage mit wachem Blick begehen. Nori ab sofort anzuleinen, tat ich uns nicht an.

Am nächsten Abend, ein Samstag, stürmte klein Nori über die Straße und begrüßte zwei Hunde, natürlich größer als er, die ihn erst einmal misstrauisch beschnupperten.

Ich begrüßte derweilen die junge Dame, die die beiden Tiere an der Leine hielt und mich nett zurückgrüßte.

„Ich an Ihrer Stelle würde den Hund nicht ohne Leine herumlaufen lassen!"

Nicht schon wieder, dachte ich und reagierte entsprechend:

„Warum nicht? Wegen der angeblichen Giftköder am Sportplatz?"

„Nicht nur dort", erwiderte das Mädchen prompt.

„Am Sportplatz, im Wald, im Bereich Dillen und sogar in einigen Gärten sind sie gefunden worden."

„Soso", reagierte ich wenig intelligent, beobachtete Nori, wie er auf der kleinen Obstwiese des Daverthauses schnüffelnd umherstreunte und hielt das Gesagte für eine aufgebauschte Weitergabe von um drei Ecken gehörten Gerüchten.

„Zwei Hunde sind schon tot!"

„Zwei? Bis jetzt habe ich nur von einem gehört!"

„Nein zwei!"

Als wenn er nichts davon hören wollte, rannte Mister Spürnase über die Straße, sprang die drei Treppenstufen zum Hauseingang hinauf und erwartete meinen sofortigen Schlüsseldienst.

Die Junge Dame und ich verabschiedeten uns voneinander. Gehorsame Hunde gingen mit ihrer Führerin davon.

Ich eilte mit schnellem Schritt zur Haustür und schloss folgsam auf, damit der Herr des Hauses endlich nachsehen konnte, was die Chefin trieb.

„Stille Post."

„Wovon redest du?" Meine Frau sah mich fragend an.

„Ich rede davon, wie sich ein Gerücht zu einer wilden Geschichte entwickeln kann, wenn sie nur häufig genug mit Fantasie bereichert weitererzählt wird.

Gestern war ein Hund tot, heute sind es schon zwei. Und morgen? Morgen ist das Haus abgebrannt, in dem die Hunde lebten. Und diese Form von Informationsweitergabe nennt man gemeinhin Stille Post."

Wenn ich zu diesem Zeitpunkt gewusst hätte, wie sich die Geschichte weiterentwickelte, hätte ich den Mund gehalten. Denn so gerne ich mich reden hörte, Mitmenschen dadurch zu verärgern oder gar zu verletzen hatte ich noch nie im Sinn, nicht einmal, wenn ich nur mit mir selbst redete.

Als Nori am Sonntagabend das erste Häufchen Frikassee unter der Hecke entdeckte, war auch ich alarmiert.

Gut, dass ich gewarnt worden war. Da ich immer Hundekotbeutel dabei habe, tütete ich den Fund sofort mitsamt Erd- und Laubresten ein und zwang meinen Bello an die Leine.

Vor der Haustür erklärte ich ihm ungeduldig, warum er mir das Zeug samt Plastikbeutel wiedergeben sollte, nachdem er es mir bei meiner üblichen Schlüsselsuche aus der Hand geschnappt hatte. Wirklich einsichtig schien er mir nicht zu sein, akzeptierte jedoch meinen harten Griff ins Maul und die sofortige Ersatzleistung aus meiner Hosentasche, in Form eines Leckerchen.

Das zweite, liebevoll mit einigen Blättern drapierte, man könnte auch sagen versteckte, hellgraue Menüangebot für vorbeikommende hungrige Mäuler, fand ich am nächsten Morgen im selben Beet unter der Hecke. Ob auch an derselben Stelle oder etwas daneben, konnte ich nicht mehr feststellen. Am Abend zuvor hatte ich mit meiner funzligen Taschenlampe den handtellergroß verteilten grauen Klumpen jedenfalls nicht gesehen.

Wie dem auch sei, jetzt war ich sauer. Sollte hier jemand einen gezielten Angriff auf meinen Hund gestartet haben?

Wiederum schnell eingetütet, nahm ich mir vor, meine Funde zur Gemeinde zu bringen.

Komisch, wie schnell sich das eigene Denken und Verhalten ändert, wenn man plötzlich persönlich betroffen ist, dachte ich. Mein bis zum Morgen eher mäßiges Interesse an möglichen Giftanschlägen, wandelte sich verblüffend schnell in eine ernsthafte Besorgnis.

Nori war das alles egal. Er zog und zerrte an der ungeliebten Leine und erinnerte mich daran, dass er im Gegensatz zu seinem Herrchen nicht nur zum Vergnügen draußen war.

„Guten Morgen."

„Guten Morgen", grüßte die *alte Dame* fröhlich zurück und steckte Nori ein Leckerchen in die Schnauze. Mit Winterkleidung und in eine warme Decke eingekuschelt trotzte sie der Kälte. Ihren hellbraunen Hund in der einen Hand, dass Steuergerät ihrer elektrisch angetriebenen Rennmaschine in der anderen, strahlte sie mich an. Ich traf sie öfters und ich freute mich immer sie zu sehen. Es war schön, ihrer stets lebensbejahenden guten Laune zu begegnen.

An diesem Montagmorgen erlebte ich sie zum ersten Mal traurig. Während Nori zuerst den Straßenbusch bewässerte und alsdann seine kleinen Pobacken zusammenkniff, unterhielten wir uns natürlich über die Gift-Gerüchte-Küche, von der sie bis dahin nichts gehörte hatte. Da ich die *alte Dame* nicht unnötig beunruhigen wollte, erzählte ich bewusst nichts von toten Hunden, sondern nur von dem allgemeinen Verdacht.

„Als mein Hund vergiftet wurde, habe ich tagelang bei ihm gesessen, bis er gestorben ist."

Traurige Augen, in diesem Augenblick denen ihres Hundes nicht unähnlich, sahen mich an.

Ich glaubte, nicht richtig gehört zu haben.

„Ihnen ist der Hund vergiftet worden?"

„Ja, vor drei Jahren. Das war schlimm!"

Ich wusste nicht, wie ich mich verhalten sollte und fand keine passenden Worte, soweit ich mich erinnern kann.

Geschah mir auch selten.

Vielleicht haben ältere Menschen mehr Erfahrung mit dem Tod und können deshalb routinierter damit umgehen. Ich weiß es nicht. Als ich jedoch ihren liebevollen Blick und die sanft streichelnde Hand auf dem Fell des Hundes an ihrer Seite sah, freute ich mich für meine Nachbarin.

Mein Hund tobte. Zu Recht!

Minuten später tobte Nori erneut, aber erleichtert und glücklich durch das hoch gewachsene Grün der Wiese vor dem Sportplatzareal, während ich das Gelände um den buschumzäunten Parkplatz nach weiteren Ködern absuchte.

Sobald Nori mitbekam, dass ich mit kleinen Stöckchen in verdächtigen Laubanhäufungen herumstocherte, half er mir selbstlos mit seiner Schnauze zu wühlen. Bevor ich meine beginnende Paranoia auf das arme Tier übertragen konnte, begrüßte Nori den nächsten Hund.

So langsam staunte ich doch über seinen großen Bekanntenkreis.

Das Gift als Thema, die unveränderte Unwissenheit und eine gewisse Ratlosigkeit bestimmten unser Gespräch auf dem durch die vor uns hertrottenden Hunde geraden Weg zurück ins Dorf.

„Falls sie es noch nicht gehört haben. Achten Sie auf Ihre Hunde." Mehr bekam ich nicht mit, da sich die Frauen leise weiter unterhielten, untermalt von dem sanften Blubbern eines kraftvollen Fahrzeugmotors.

Alles klar, dachte ich und wollte schon weiter gehen, da ich glaubte, dass die Dame mit Hund bekannt war mit der Dame, die uns mitten auf der Kreuzung an der Grundschule aus dem Wagenfenster angesprochen hatte.

Ich war bereits ein paar Schritte weitergegangen, als ich gebremst wurde:

„Der Herr hat heute Morgen auch einen Köder gefunden!"

Auch? Ich drehte mich um und schaute in zwei fragende Augenpaare. Also trat ich näher heran, holte mein Tütchen aus meiner Jackentasche und präsentierte es stolz. In dem Gemisch aus grauer Masse, Erde und Laubresten war immer noch nichts Giftgrünes zu erkennen.

„Ob da Gift drin ist, weiß ich nicht. Auf jedem Fall fahre ich gleich nach Senden und gebe das Zeug beim Ordnungsamt ab. Ich werde die Leute dort bitten, es untersuchen zu lassen."

„Bringt nichts", verblüffte mich die Dame ohne Hund, „am besten bringen sie ihre Probe direkt zur Tierklinik. Dort haben wir Paula auch hingebracht."

Ihre traurigen Augen, verdächtig feucht schimmernd, fixierten uns.

„Wer ist Paula?" fragte ich vorsichtig.

„Der Hund meiner Schwägerin. Der, der gestorben ist."

In den folgenden Minuten beschrieb sie uns das Sterben des armen Tieres.

Aus Rücksicht auf die Familie, bei der Paula, gelebt hat, schrieb ich diese Informationen nicht auf, zumal ich mir vorgenommen hatte, nur meine Erkenntnisse und Erfahrungen und damit meine Sicht dieser Geschichte aufzuschreiben.

Es war also tatsächlich ein Hund tot. Damit stellte sich für mich eine völlig neue Situation dar. Es ging nicht mehr um Gerüchte und Vermutungen, sondern es gab einen konkreten Fall.

Rein in die Wohnung, den Hund sein Fressen gegeben und das Gehörte überdacht.

Nachdenklich kraulte ich Nori den Bauch. Ich saß auf meiner Liege im Arbeitszimmer und hielt mit der linken Hand eine der Tüten vor meine Augen, während mein verwöhnter Bello sich rechts neben mir auf den Kissen vor Wonne rekelte.

Sollte ich oder sollte ich nicht zur Tierklinik fahren, wie ich es eine halbe Stunde zuvor zugesagt hatte.

Ein Mann, ein Wort! brüllte ich in mich hinein und bat Nori leise:

„Komm mein Kampftier, wir haben zu tun. Pennen kannst du später." Schwups sprang mein Hund vom Bett und wedelte vor Freude mit dem Schwanz, als ich die in eine Plastikdose verstauten Proben von der Kommode nahm. Für ihn war es mit das Größte, derlei Geschenke in kleine Stückchen zu zerlegen. Ich ging nicht weiter auf sein hopsendes Betteln ein, sondern steckte stattdessen meine Füße in ein Paar Schuhe. Freude pur schlug mir in Form einer nach meiner Nase schnappenden Hundeschnauze entgegen, als ich mir die Schuhe zuband.

Gerade noch völlig erschöpft und zum umfallen Müde auf meiner Ruhestatt zusammengebrochen, sprang mein Wuff voller Elan ins Wohnmobil, zu allen Abenteuern bereit.

Wieder einmal konnte ich mich des Gefühls nicht erwehren, dass mich der Köter ständig nach Strich und Faden verarschte.

Zehn Minuten benötigte ich, bis wir auf einem kleinen Parkplatz direkt an der B 58 zwischen Ascheberg und Lüdinghausen landeten.

1980 war der von viel Grünzeug umgebene ehemalige Münsterländer Bauernhof zu dieser modernen Tierklinik umgebaut worden.

Da ich noch nie hier gewesen war, unser Tierarzt wohnte gleich um die Ecke, erkundete ich erst einmal neugierig das Grundstück. Nori war das auch Recht, konnte er doch seine Nase in Ruhe überall hineinstecken und gewissenhaft seine Marken pinkeln. Beeindruckend hohe Bäume, Äcker und Wiesen umgaben das Areal. Vom Parkplatz kommend, stand ich nach zwanzig Metern Fußweg auf dem eigentlichen Hof. Ein kleines Gebäude, links von meinem Standort gelegen, vis-a-vis die eigentliche Klinik. Halb verdeckt vom Klinikgebäude, konnte ich den ebenfalls rot geklinkerten Teil eines weiteren Wohnhauses erkennen. Im ehemaligen längs zur Einfahrt errichteten Haupthaus, vielleicht war es auch eine Scheune gewesen, hatte man den weiß verputzten Rundbogen des durch eine moderne Glastür ersetzten Dielentors belassen.

Ein schöner Anblick, dachte ich und schob mich durch den dunklen Holztürrahmen.

„Was kann ich für Sie tun?" fragte mich eine ältere Dame freundlich und taxierte meinen Hund. Schwungvoll knallte ich meine Plastikdose auf den Tresen, der gelassene Angestellte und nervöse Tierhalter voneinander trennte.

„Ich habe Ihnen Proben von womöglichen Hundegiftködern mitgebracht und möchte Sie bitten, diese daraufhin zu untersuchen." Ich war davon ausgegangen, dass mein Ansinnen eine gewisse Aufregung hervorrufen würde.

Dem war aber nicht so.

„Kleinen Moment bitte, ich frage mal nach."

Während sich die dezent in grau gekleidete Empfangsdame noch in dem 19,5 qm kleinen Vorraum suchend umschaute, schlüpfte ein hübsches Mädchen, durch einen grünen Kurzkittel verhüllt, an ihre Seite. Ein weiteres, ebenfalls grünes Mädchen eilte hinter meinem Rücken durch einen Mauerdurchbruch in den dahinter befindlichen Warteraum. Zwei Hunde, wovon einer ziemlich krank aussah, warteten geduldig mit ihren Halterinnen.

Hier geht's ja zu, wie in einem richtigen Krankenhaus, dachte ich verblüfft und ermahnte daraufhin meinen Hund, sich ab sofort anständig zu benehmen, wie es sich nun mal in einem Krankenhaus gehörte. Da Nori noch nie zuvor in einem Krankenhaus gewesen war, wusste er auch nicht, wie sich Hunde dort zu benehmen hatten. Also beschnupperte er nach wie vor alles und jeden, soweit ich ihn an der Leine gewähren ließ.

Nach einer weiteren kurzen Erläuterung meines Begehrens, natürlich nicht die junge Frau betreffend, wurde die Chefin des Hauses hinzugezogen.

Ein drittes Mal erklärte ich den Anlass meines Erscheinens und vermerkte mit Genugtuung, dass mein Anliegen sehr ernst genommen wurde.

Nach einer kurzen Besprechung bat mich Frau Dr. med. vet. Hartmann zu warten, weil sie in dieser Angelegenheit erst einmal telefonieren müsste.

Ich wartete.

Nach dem Warten wurde ich mit einer Ernsthaftigkeit ins Behandlungszimmer gebeten, die der absolut gleich kam, wie wenn ich in früheren Jahren mit meinen Kindern die diversesten Ärzte aufgesucht hatte.

Bekam ich nun endlich ein paar erste Antworten auf die vielen Fragen, die sich in den letzten vier Tagen in meinem Kopf angesammelt hatten?

„Wo und wann haben sie den Dreck gefunden? Haben sie einen Verdacht, wer das gewesen sein könnte?"

War ich im falschen Film? Ich wollte Antworten hören, nicht geben!

„Gefunden: Gestern Abend und heute Morgen. Direkt bei mir um die Hausecke. Unter einer Hecke, die einen Parkplatz der Volksbank abgrenzt. Und verdächtigen tue ich nicht."

Ich schilderte ausführlich meine detektivische Leistung. Allerdings ließ ich auch keinen Zweifel daran aufkommen, dass ich nicht wirklich an Gift glaubte.

„Aber man kann ja nie wissen", ließ ich den Satz als Aussage und Frage im Raum frei, in der Hoffnung, dass endlich konkrete Maßnahmen ergriffen würden.

„Können Sie die Proben nach Münster bringen?"

Ich drehte mich um. Niemand stand hinter mir. Die gute Frau Doktor meinte mich!

„Ähm…jaa?!"

Eine Ahnung überkam mich, warum bis zu diesem Tag niemand einen verdächtigen Fund bei der Gemeinde beziehungsweise bei den ortsansässigen Tierärzten abgegeben hatte. Falls ich das im Gespräch zuvor richtig verstanden hatte, war das nämlich ein Problem.

Typisch, dachte ich, jeder redet mit, keiner tut was. Denn nach dem, was ich in den letzten Tagen gehört hatte, mussten doch große Mengen an Giftködern gefunden worden sein.

Es hatte sich sogar jemand die Mühe gemacht, einige Warn-plakate im Bereich des Sportplatzes und im Wald aufzu-hängen.

Wo, verdammt noch mal, hatten die Leute das Beweis-material gelassen? Frau Hartmann konnte es mir nicht sagen. „Immerhin haben die Besitzer die Hündin zur Autopsie frei-gegeben. Und das ist der Familie nicht leicht gefallen. Sie hätten ihren Hund lieber beerdigt."

Ich nickte zustimmend und gab der Tierärztin Recht. Paula war „nur" eine Hündin, doch wahrscheinlich ein fester Be-standteil des Familienlebens gewesen. Nicht mehr und nicht weniger. Jeder Hundehalter, der einen Hund im Haus hat, weiß wovon ich rede.

„Haben Sie ein Navi im Auto?"

„Jaa...?!"

„Eine Adresse in Münster. Und da Sie ja sowieso nach Müns-ter fahren ..."

Selbstverständlich, dachte ich, da freue ich mich schon seit einer Woche drauf. Sei nicht so zynisch, du hast es doch zugesagt, mahnte ich mich, fair zu bleiben.

„... könnten Sie mir einen großen Gefallen tun und die tote Hündin mitnehmen."

„Wohin?" seufzte ich ergeben. Ich wusste, jeder Widerstand war zwecklos. Frau Dr. med. vet. Hartmann hatte mich am Wickel.

„Zur CVUA, das Chemische Landes- und Staatliche Veterinär-untersuchungsamt in Münster. Zum einen ist dort die Pathologie untergebracht, wohin sie bitte den Hund bringen. Auf der anderen Seite des Gebäudes finden sie die Abgabe-stelle für Laborproben. Ich habe Sie bereits dort angemeldet.

Ebenfalls sind das Ordnungsamt in Senden sowie das Veterinär- und Lebensmittelüberwachungsamt in Coesfeld informiert. Das Amt ist auch die offizielle Meldebehörde in diesem Fall, die auch die Kosten für die Untersuchungen übernehmen." Alles klar Frau Doktor, salutierte ich innerlich und dachte für einen winzigen Augenblick über meinen zu erwartenden Zeitaufwand und die hohen Benzinpreise nach.

Vergiss es, beschloss ich, nahm meinen Hund, der sich erstaunlich lieb benahm, und machte mich eine Viertelstunde später auf den Weg.

Mit der in einer Decke eingewickelten, behutsam in mein Wohnmobil abgelegten, kalten Hündin und meinen zwei verdächtigen Proben fuhr ich in das Nordzentrum Münsters, zur CVUA in der Albrecht-Thaer-Str. 19.

Eine gute Stunde später, um den Mittag herum, stand ich am unteren Ende einer betonierten Zufahrt vor einem großen Gebäudekomplex mit vielen gardinenlosen Fenstern. Kalt, gläsern, hell und sehr steril anmutend, lud es nicht gerade zum Betreten ein. Neben einer metallumfassten Glastür fand ich eine Klingeltaste und ein Hinweisschild: Pathologie.

Kaum hatte ich den Knopf gedrückt, erschien ein junger Mann in weißer Arbeitskluft und ließ sich von mir erklären, warum ich ihm einen toten Hund brachte.

Er schien nicht wirklich informiert, meinte aber irgendwo einen Hinweis auf mein Kommen gelesen zu haben. Mich interessierte nur, dass ich das tote Tier endlich abgeben konnte, was auch nicht verweigert wurde.

Gemeinsam hoben wir den leblosen Körper auf einen blitzblanken Metalltisch auf Rädern. Ich unterschrieb ein Formular, welches ich mir nicht durchlas, strich der scheinbar nur friedlich schlafenden Paula kurz übers Fell und freute mich dann über meinen quicklebendigen kleinen Nori, der uns neugierig aus dem Seitenfenster des Wohnmobils beobachtete. Ohne sich noch einmal umzusehen, schob der Mann den Tisch ins Haus.

Einmal ums Haus herumgefahren, fand ich recht schnell den Abgaberaum für chemisch zu untersuchende Proben. Ins Gebäude der CVUA selbst durfte ich nicht hinein. Die für mich zuständige Anlaufstelle betrat ich deshalb durch eine extra dafür eingerichtete Außentür des Gebäudes. Wegen der Hygiene, schloss ich messerscharf und sah mich um.

Der rechteckige Raum war voll gestopft mit eckigen Schränken, eckigen Regalen, eckigen Tischen und sonstigen Ecken. Grau in grau nahm ich nur die Ecken und Kanten der Einrichtung wahr. Das Mobiliar verschwand in der Eintönigkeit.

Wie konnten Menschen es hier länger als einen Tag aushalten?

„Was kann ich für Sie tun?"

Noch mit dem negativen Einfluss des Raumes auf meine sowieso schon depressive Stimmung kämpfend, bemerkte ich erst jetzt die freundlich lächelnde Dame vor mir.

Sofort ging es mir besser. Nicht eine Ecke. Alles an der netten Frau war rund. Körper, Gesicht und Haarschnitt präsentierten sich mit fraulichen Rundungen. Nur die Kleidung, der Leser ahnt es schon. Grau! Und trotzdem bot die Frau einen erfreulich runden Kontrast zu diesem mit Ecken überladenen und doch konturlosen Einerlei des Raumes.

Während ich meine Probe auf einen Tresen vor mir abstellte, betrat eine weitere Person den Raum. Ein Mann in grau. Nicht ganz so rund, aber auch nicht eckig.

Beide hatten eines gemeinsam: Sie wussten nicht wovon ich redete.

Ich ließ Kopf, Schultern und Hoffnung auf eine zügige Abwicklung hängen, bat meinen Hund in Abwesenheit um Verzeihung dafür, dass er doch länger im Wagen warten musste.

Voller Demut erwartete ich die Zeitstrafe für meine Dämlichkeit, irgendwelche Essenreste aus dem Magen eines Trinkers in Tütchen verpackt zu haben.

Doch jetzt passierte etwas, was ich so nicht mehr erhofft hatte: Die beiden netten Menschen vor mir einigten sich sofort auf den Namen des womöglichen Chemikers, der zuständig sein könnte.

Ah ja! dachte ich, und verbot mir meine Skepsis.

Während der männliche Teil des Duos telefonierte, schob mir die Kollegin ein Papier zur Unterschrift unter die Nase, welches eine erstaunliche Ähnlichkeit mit dem Formular der Pathologie aufwies. Super! Name, Adresse und Unterschrift.

„Damit wir wissen, wer die Proben abgegeben hat", wurde ich freundlich belehrt.

Mit einem fröhlichen Gesicht unterschrieb ich meine Einwilligung zu dem zu erwartenden Ehekrach, sollte ich doch auf den Kosten sitzen bleiben.

„Herr Doktor *von der Chemie* ist in zwei Minuten bei uns!"

Hört sich gut an, machte ich mir Mut und wurde bereits Sekunden später vom Doktor der Chemie höflich begrüßt.

Der gute Mann erklärte mir zu meiner größten Erleichterung, dass er aufs Beste informiert sei, die CVUA die Untersuchungen durchführen würden und mir keine Kosten entstünden.

Das gläserne Haus, dessen innere Werte ich nicht beurteilen konnte, gefiel mir nach wie vor nicht. Die Menschen, die ich hier kennen lernte, wurden mir immer sympathischer.

Wir unterhielten uns noch ein wenig über das Problem, Gifte wegen ihrer vielfältigen Beschaffenheiten nachweisen zu können. Ich war nicht begeistert. Vier bis fünf Wochen würden vergehen, bis das Amt seine Ergebnisse dem Veterinäramt in Coesfeld mitteilen würde.

Und auch nur dort würde ich die Ergebnisse mitgeteilt bekommen.

Ich bedankte und verabschiedete mich, erklärte Nori, warum es solange gedauert hatte und fuhr mit ihm zum Steiner See nach Münster-Hiltrup. Völlig allein und bei schönstem Herbstwetter, umrundeten wir gemächlich den See.

Endlich kam ich dazu, die letzten vier Tage Giftskandal zu überdenken. Erkenntnisse kamen dabei nicht heraus. Dafür war es mir allerdings gelungen, eine Menge Fragen zu formulieren:

War die tote Hündin vergiftet worden? Das würde hoffentlich die Autopsie zeigen!

Waren weitere Hunde erkrankt oder tot? Sollten die Tierärzte und die Gemeindeverwaltung wissen. Also nachfragen!

Gab es weitere verdächtige Funde? Außer meinen? Keine Ahnung!

Wo sind die angeblich am Sportplatz, im Wald und im Bereich Dillen gesichteten Köderhäufchen geblieben?

Keine Ahnung!

Wer könnte Interesse an der Vertreibung von Hunden haben? Hundehasser, Jäger, Radfahrer, Spaziergänger, Landwirte, Sadisten, Jogger, Sportplatzbenutzer, Autofahrer, Katzenfreunde, ängstliche Eltern und auch Hundehalter. Somit einhundert Prozent der deutschen Bevölkerung!

Wer würde dafür Hunde töten? Nur jemand, der Hunde extrem hasste und/oder bewusst Unruhe ins Dorf bringen wollte!

Jemand aus dem Dorf? Ich mochte es nicht glauben!

Gab es in der Vergangenheit ähnliche Vorfälle? Nachdem, was ich bisher gehört hatte, ja!

Noch einmal rief ich mir die Erzählung meiner Rollstuhl fahrenden Nachbarin in Erinnerung. Hatte sie mir nicht erzählt, dass es im Dorfbereich seit Jahren Anschläge auf Hunde gäbe?

Dass auch Ihr Hund an einer Vergiftung starb. Das war zumindest als Tatsache und nicht als Gerücht zu bewerten.

Auch Frau Dr. Hartmann hatte mir erzählt, dass es seit Jahren immer wieder Anschläge auf Hunde und Katzen in Senden und Ottmarsbocholt gab. Von Glassplittern in Ködern war unter anderem die Rede gewesen.

Seit Tagen erzählten mir Menschen von früheren Anschlägen auf Hunde, von denen sie gehört hatten, ohne dass ich echte Fakten an die Hand bekam.

„Genaues aber weiß man nicht; und ich weiß doch noch; vor... ein paar Jahren; der Hund von...; wie die hießen die noch mal; es war einmal...“

„Es ist soweit. Jetzt will ich's genau wissen. Irgendwie scheint sich bis heute niemand ernsthaft mit der ganzen Problematik beschäftigt zu haben. Es muss doch möglich sein, herauszufinden, was tatsächlich in den letzten Jahren und vor allem auch in den letzten Tagen geschehen ist", erklärte ich am Abend meiner Gattin und dem auf ihren Füßen liegenden, schlafenden Hund.

„Wenn ich an unseren Kampfhund in Ruhestand denke", und zeigte auf das schnarchende Kleintier auf der Couch, „was der sich täglich erschnüffelt und oftmals dann in sich hineinschlingt, wenn wir unterwegs sind ..."

Wieso bleckte der Köter in diesem Augenblick seine schneeweißen Zähne so unverschämt.

„Du meinst, es kann überhaupt nicht ausbleiben, dass sich ab und an Tiere vergiften, ohne dass eine Absicht dahinter steckt?" Meine Frau verstand mich.

„Genau das möchte ich herausfinden."

Wir waren uns schnell einig, dass ich als nächstes bei der Gemeindeverwaltung in Senden Erkundigungen einholen sollte. Wenn es weitere Fälle von Anschlägen auf Vierbeiner gab oder früher gegeben hatte, so musste das aktenkundig sein.

„Herr Barkam, was kann ich für Sie tun?" fragte mich Herr Pelzer vom Sendener Ordnungsamt, nachdem ich mich gesetzt hatte. Ein freundlicher Mann.

„Ich wohne in Ottmarsbocholt und habe einen Hund."

In fünf Minuten berichtete ich ihm von den Gerüchten im Ort, von meinen Funden am Vortag und meiner anschließenden Rundreise durch einen, wenn auch kleinen, Teil unseres schönen Münsterlandes. Dann bat ich ihn, mir den Stand der Dinge aus seiner Sicht zu erläutern.

„Wir sind über den Tod des Hundes informiert worden. Daraufhin haben wir das Veterinäramt in Coesfeld informiert. Die dortigen Fachleute wollten den Hund untersuchen."

Kurz, knapp und sachlich korrekt, genügte mir die Antwort natürlich nicht.

„Und was wird in Otti-Botti unternommen?" erwartete ich, über den Einsatz von Überwachungskameras, Hundertschaften und ähnlich erfolgsversprechende Maßnahmen unterrichtet zu werden.

Herr Pelzer bat mich um Geduld und rief per Telefon einen Kollegen hinzu, der, soweit ich das verstanden hatte, nicht nur die Verbindung zum Veterinäramt in Coesfeld aufrecht hielt, sondern auch ansonsten in den aktuellen Fall involviert war.

Die beiden Verwaltungsangestellten versicherten mir dann, dass die Gemeinde bis zu diesem Tag nicht einmal offiziell über Giftanschläge unterrichtet worden war.

Wohl bemerkt, nicht einmal in zwanzig Jahren!

„Nun hat mir Frau Dr. Hartmann versichert, dass Sie von ihr informiert worden sind." wandte ich ein.

„Stimmt. Daraufhin haben wir ja auch das Amt in Coesfeld eingeschaltet."

„Und was ist mit den Köderproben, die in Otti-Botti am Sportplatz gefunden wurden?"

„Gibt es welche? Eingereicht worden sind, zumindest bei uns, keine! Obwohl wir in einem Zeitungsartikel darauf aufmerksam gemacht haben, wie wichtig Beweise solcher Art für die Einleitung offizieller Maßnahmen wären."

Stimmt, dachte ich enttäuscht. Ich hatte den laschen Artikel gelesen.

„Herr Pelzer, ich habe mittlerweile mit einigen Leuten in Ottmarsbocholt gesprochen. Nicht wenige haben mir von früheren Anschlägen mit gefährlichen Ködern erzählt. Im Verlauf der letzten fünf bis sechs Jahre sollen mehrere Hunde durch Giftköder oder auch mit Glas versetzter, an Wegerändern ausgelegter Tiernahrung elendig krepiert sein. Ich habe gestern noch mit einer Dame gesprochen, deren Hund definitiv vor drei Jahren vergiftet wurde und äußerst qualvoll verendet ist."

Ich verlor langsam die Lust, mich weiter mit dem Scheiß zu beschäftigen. Das brachte doch alles nichts. Wie zur Bestärkung versicherte mir der Herr nochmals, dass noch nie Proben verdächtiger Substanzen bei der Gemeinde eingereicht wurden.

„Und es wurde auch noch nie bei der Polizei Anzeige erstattet. Das ist uns heute noch einmal ausdrücklich seitens der Polizeibehörde versichert worden. Und dass Polizei oder wir, als Ordnungsamt der Gemeinde, ohne eine offizielle Anzeige eventueller Vergehen oder Straftaten nicht viel unternehmen können, werden Sie verstehen", ergänzte Pelzers Kollege.

Dass sie dieses bedauerten, glaubte ich ihnen.

„Und wie geht's jetzt weiter? Zwar werden die tote Hündin und meine Proben in Münster untersucht, die Ergebnisse allerdings erst in vier bis fünf Wochen auf den Tischen des Veterinäramtes in Coesfeld liegen. Bis das Ganze bei Ihnen gelandet ist, weiß doch niemand mehr, worum es eigentlich ging oder weitere Tiere sind womöglich tot!"

Nachdem ich meinen Unmut geäußert hatte, wusste ich nichts mehr zu sagen.

„Ganz so ist es nicht. Das Veterinäramt in Coesfeld hat uns zugesichert, dass wir noch heute, spätestens jedoch morgen, erste Ergebnisse übermittelt bekommen."

„Komisch", erwiderte ich kritisch, „der Doktor der Chemie von der CVUA in Münster hat mir klar und deutlich eine Frist von mindestens vier Wochen genannt."

Das brachte nichts mehr, beschloss ich mich zu verabschieden.

Nachdem Herr Pelzer meine Telefonnummer notiert hatte, versicherten mir die Herren, dass ich spätestens am nächsten Tag von ihnen Nachricht bekäme. Schließlich hätte ich mich als engagierter Bürger der Gemeinde dargestellt.

Da ich ebenfalls mit der Aufmerksamkeit zufrieden war, die mir die Vertreter der Gemeinde entgegengebracht hatten, sah ich meinen Zeitaufwand als nicht vertan an.

Dass ich am nächsten Tag kein Untersuchungsergebnis mitgeteilt bekam, hatte ich erwartet. Dass sich Herr Pelzer die gesamte folgende Woche nicht bei mir meldete, enttäuschte ein wenig.

Mittwoch nahm ich mir die Zeit, ein Gedächtnisprotokoll zu erstellen.

Dass die Gesprächszitate von mir höchstwahrscheinlich nicht wortwörtlich wiedergegeben wurden, bitte ich zu entschuldigen. So gut ist mein Gedächtnis einfach nicht. Inhaltlich entsprechen sie auf jedem Fall der Wahrheit.

Am Donnerstag begann ich die ersten Sätze zu formulieren.

Am Samstagmorgen entdeckte meine Frau den folgenden, wörtlich zitierten Zeitungsartikel. Schon gesehen, fragte sie und las mir vor:

Westfälische Nachrichten   **Samstag, 25.Oktober 2008**

Hundeköder – noch keine Klarheit

*-di- **Senden**. Die Untersuchung der offenbar vergifteten Köder sowie des Kadavers des Hundes, der mit Vergiftungserscheinungen eingeschläfert werden musste, dauert noch an. Dies teilte die Gemeinde mit, die die Verzögerung beim Chemischen Landes- und Staatlichen Veterinäruntersuchungsamt (CVUA) in Münster bedauert. Zunächst war das Ordnungsamt davon ausgegangen, in dieser Woche Klarheit zu erhalten. Bei der Gemeinde waren zahlreiche Anfragen von Hundehaltern eingegangen, die sich wegen der heiklen Funde Sorgen um ihre Vierbeiner machen, berichtet Sachgebietsleiter Holger Bothur.*

„Alles klar", schmunzelte ich in meine Teetasse hinein.

„*offenbar vergiftete Köder*", brummte ich ironisch.

„Sagtest du nicht, dass niemand Köder bei den beteiligten Ämtern abgegeben hat, außer dir?" fragte sie mich anschließend und staunte dann über mein Gelächter.

„Staune nicht über mich, staune über die Allwissenheit der Medien. Ich kann es dir nicht sagen, vielleicht sind ja doch noch andere Proben eingereicht worden. Glaube ich aber nicht. Ich vermute, dass aus kleinen Infos eine gewisse Spannung erzeugt werden sollte. Zeitungsartikel sollen ja nicht nur gelesen werden, sondern auch das Interesse an weiteren Informationen wecken.

Was soll's.

Interessanter finde ich, wie die Herren der Gemeinde die angebliche Verzögerung der zu erwartenden Untersuchungsergebnisse als bedauerlich darstellen. Warum haben sie meinen Informationen aus Erster Hand nicht geglaubt und schon vor drei Tagen die Erwartungen der Öffentlichkeit auf schnelle Ergebnisse heruntergeschraubt."

Das befriedigende Gefühl, Recht gehabt zu haben, wollte sich nicht einstellen. Lieber hätte ich Resultate erfahren, genau wie die Gemeindeverwaltung und vor allem die Gemeinde verunsicherter Hundehalter.

Enttäuscht nahm ich meiner Gemahlin die Zeitungsseite aus der Hand und las mir den Artikel noch einmal in aller Ruhe durch. Dann gab ich das Blatt dem Hund zum spielen.

„Die tun doch sowieso nichts", antwortete mir die *alte Dame* im Rollstuhl, wobei sie Nori ein paar kleine Brocken Hundefutter zuwarf. Zum Ausgleich kam ihr hübscher Bello zum schnorren zu mir.

Auf dem Weg zum Bäcker war ich den beiden an diesem nasskalten Morgen, kurz vor dem Seitenweg zu ihrem Haus, begegnet.

Während ich für einen Augenblick über die Antwort nachdachte, starrte ich auf ihre schönen Halbschuhe. War es nicht zu kalt für Halbschuhe?

„Nori. Ruhe!" rief ich über die Straße, als der Hund wie verrückt zu bellen anfing.

Ich ging hinüber und befahl ihm, aus dem einzigen ungepflegten Garten Ottmarsbocholts zu mir zu kommen. Was ihn dazu brachte, sich einen Meter weit auf den schmalen plattierten Weg inmitten der wild wuchernden Begrünung dermaßen aufzuregen, konnte ich nicht erkennen.

Auf mein Rufen hin kam er langsam zu meiner Gesprächspartnerin und mir zurückgetrottet. Bei solchen Gelegenheiten hatte mein Wuff grundsätzlich die Ruhe weg.

„Läuft der Köter noch einmal in meinen Garten, schlag ich ihn kaputt!"

Gerne hätte ich mit diesem netten Menschen seine Probleme debattiert, doch er suchte auf seinem Fahrrad schnell das Weite, einige Meter freundlich begleitet von meinem vor Begeisterung kläffendem Hund.

Nicht weiter interessiert an dem ungehobelten Kerl, gedachte ich die durch Noris Bellen unterbrochene Unterhaltung fortzusetzen. Das ich nur noch die Rückseite des Rollstuhls zu sehen bekam, lag vielleicht an dem vorangegangenen Gesprächthema.

Die *alte Dame* hatte mir nämlich vor der unangenehmen Unterbrechung durch meinen Hund und dem allseits beliebten Nachbarn nochmals bestätigt, dass ihr Hund drei Jahre zuvor vergiftet worden war. Auf meine Frage, ob sie die Gemeinde damals informiert oder bei der Polizei Anzeige erstattet hatte, hieß die Antwort:

„Nein!"

„Warum nicht?" wollte ich daraufhin wissen und bekam einen Klassiker als Antwort.

„Die tun doch sowieso nichts!"

Am Montagmorgen gegen 7.30 Uhr trafen Nori und ich trotz der frühen Tageszeit und eines leichten Nieselregens erstaunlich viele Hunde, die ihre HundeführerInnen spazieren führten.

Die Sommerzeit war in der Nacht beendet worden. Ich vermutete deshalb, dass jeder von uns versuchte, seinem Hund die Vorteile einer um eine Stunde zurückgestellten Uhr beizubringen.

Nori schien damit fertig zu werden. Ich war stolz auf meinen Hund, bis er sich von einem unerwarteten Durchfall löste.

Wurde er doch noch das Opfer einer Giftattacke?

Mein Gewissen schlug Purzelbäume.

Warum ging ich nach wie vor die gefährdeten Wege mit ihm.

Oder hatte ich, gemeinsam mit dem politischen Willen, der ehemals hinter der Zeitumstellung steckte, den biologischen Rhythmus meines kleinen Kämpfers durcheinander gebracht?

Womöglich dadurch sein noch so junges Leben gefährdet?

Besorgt sah ich hinter ihm her, wie er auf den nächsten Hund zulief, um sich kurz darauf mit dem kleinen weißen *Purzel* im Spiel zu verknoten.

„Spinn nicht rum!" ermahnte ich mich. Ich war wieder normal, gesellte mich frohgemutes zu *Purzels* Frauchen und freute mich mit ihr darüber, wie schön unsere Rabauken miteinander spielten.

Am Nachmittag schnappte ich mir das Telefon mit dem zugehörigen Informationsbuch und wählte die Tierklinik an.

„Rufen Sie bitte in einer Stunde nochmals an. Ich kann Ihnen aber sagen, dass Frau Hartmann heute Morgen mit dem Veterinäramt in Münster telefoniert hat."

Das war doch schon mal was! Ich bedankte mich höflich und versprach, es später noch einmal zu versuchen.

Nori bekam was zum Kauen, während ich einen heißen Tee schlürfte. Wir beschlossen gemeinsam, uns in Geduld zu üben.

Eine Stunde später erfuhr ich von Frau Dr. Hartmann am Telefon, dass, laut Auskunft der Pathologie in Münster, die Hündin Paula an schweren inneren Blutungen verendet sei. Die Fachleute dort hatten keine weiteren Besonderheiten gefunden und tippten deshalb auf Rattengift. Das allerdings konnte laut Frau Hartmann nicht sein und so war sie mit den Leuten der CVUA übereingekommen, die toxikologischen Untersuchungen des Veterinäramtes abzuwarten.

Frau Hartmann hatte bereits am vorangegangenen Montag auch mir gegenüber Rattengift ausgeschlossen. Aufgrund ihrer eigenen Untersuchungen, in der dafür gut ausgestatteten Tierklinik, war sie zu diesem Ergebnis gekommen.

„Frau Hartmann, was ich eigentlich fragen wollte: Sind bei Ihnen mittlerweile weitere Köderfunde abgegeben worden? Ich habe eine entsprechende Meldung in einem Zeitungsartikel am Samstag gelesen."

„Ja, es werden weitere Proben untersucht."

Hört, hört, dachte ich beeindruckt. Da schien die Zeitungsmeldung doch zu stimmen.

„Eine letzte Frage hätte ich noch", bat ich die Tierärztin noch nicht aufzulegen, „gibt es weitere Vergiftungs- oder gar Todesfälle."

„Darf ich Ihnen nicht sagen!"

„Wie bitte?" Ich glaubte nicht richtig zu hören.

„Ich bin Medizinerin. Zur Verschwiegenheit verpflichtet."

„Auch bei Tieren gilt Datenschutz?" fragte ich erstaunt.

„Ja, so ist es", antwortete mir Frau Hartmann und drängelte auf die Beendigung des Gesprächs.

Ich dankte für die Teilinformationen und legte nachdenklich auf. War die Verweigerung, mir über weitere erkrankte oder gar tote Tiere zu berichten, nicht ein Indiz dafür, dass es solche Tiere gab.

Reine Spekulation, beantwortete ich mir die Frage selber. Dann hätte die Gemeindeverwaltung doch entsprechend warnen müssen.

Ich beschloss, dort am nächsten Tag nachzufragen. Was ich dann doch nicht tat.

Eigentlich hatte ich keine Lust mehr, mich mit dem Thema zu befassen. Tag für Tag drehte sich alles nur noch um den blöden Köter. Ich hatte mir den Hund als Antidepressionshilfe angeschafft, nicht als Vollzeithobby. Einen gekauften Freund wollte ich haben, der mich nicht in Frage stellte. Der mir zuhörte ohne Widerworte. Dem ich nicht erklären musste, wohin ich ging, was ich tat oder dachte. Aber wenn ich es mir selbst erklärte, musste er immer zuhören. Einen kleinen, nutzlosen Idioten, der zu mir aufschaute und mich über alles mochte.

Mein lebendes Eigentum!

Nur für mich da!

Durch etwas Futter, ein wenig Erziehung und ein paar freundliche Worte gehörig gemacht.

Mein kleiner Scheißer eben!

Andere Menschen kauften sich Tiere, um etwas weniger einsam zu sein, als Kinderersatz oder weil die Kinder ihren Kopf durchsetzten und was weiß ich, welche unsinnigen Gründe es sonst noch gab, sich selbst seiner individuellen

Freiheit zu berauben.

Anstatt ich also einfach das Leben mit dem Hund genoss, die gemeinsamen Spaziergänge, seine Verschmustheit, die positive Entwicklung in unserer beider Sozialverhalten, seinen Mut und Übermut, seine Neugierde und sein Ungestüm, stritt ich öfters mit Nachbarn und Vermieter, manchmal mit anderen Hundehaltern und hin und wieder mit Fußgängern, Radfahrern und Autofahrern über Noris unintelligente Laufwege, sein unmenschliches Bellen, penetrantes Schnüffeln, markierendes Pinkeln, Anspringen mit heimtückisch verschmutzten Pfoten oder seiner bloßen Existenz.

Ich erfuhr Aggression zwischen Menschen oder Mensch und Tier, Unverständnis und Angst vor Hunden, aber auch Angst um den Hund.

Ich sah Hundekot, Menschenkotze und Zivilisationsmüll auf Straßen, Bürgersteigen und Waldwegen mit anderen Augen.

Ich hörte ohne Grund kläffenden Kötern und grundlos zeternden Menschen zu.

Ich las von wildernden Hunden und Jägern, die nicht nur wegen der Hunde, sondern auch für artengeschützte Raubvögel Giftköder auslegten, damit diese den Jägern die Häschen zum Abschuss ließen.

Ich sah grausame Bilder von fürchterlichen Verletzungen, durch Hundebisse verursacht.

Ich dachte an den alten Mann, der von zwei Jugendlichen im U-Bahnhof halbtot geschlagen wurde, nur so.

Ich dachte an den kleinen Hund des Neffen meiner Frau, der erst vor wenigen Tagen in Münster von einem Schäferhund tot gebissen wurde. Auch hier hatten die Medien berichtet. Sogar das Fernsehen. Allerdings nicht so aufreißerisch.

Und dann, als ich zu müde war, um den Brei in meinem Kopf zu schlucken, schaute ich zu meinem kleinen Wuff hinunter, der stumm zu meinen Füßen saß. Ich sah seinen traurig fragenden Blick, wieso ich mir Tee gekocht und Kekse bereitgestellt hatte, wenn ich nichts davon trank und aß und er deshalb nichts abbekam.

„Siehst du! Und deshalb bist du hier", erklärte ich Nori, der sich daraufhin mächtig freute, als ich ihm den ersten ganzen Keks vor die Schnauze hielt und nicht nur ein Stückchen, wie sonst.

Den Brei im Kopf nicht runtergeschluckt sondern über Bord geworfen, heizte ich den kalten Tee in Mikrowellen auf.

Nachdem Nori und ich unseren Nachmittagstee intus hatten, gingen wir gut gelaunt nach draußen, Neues zu entdecken oder alte Freunde zu treffen.

Meine hundselendige Depression war dank Hund für den Moment überwunden; der Tag gerettet.

Trotz des leichten Nieselregens freute ich mich auf den Gang mit Nori.

Noch vor Jahren bin ich regelmäßig Strecken von 10 000 Meter bis Halbmarathon gelaufen. Musste ich mehr als eine Woche pausieren, verspürte ich regelrechte Entzugserscheinungen.

Mit dem Laufen langer Strecken war es von einem Tag auf den anderen leider vorbei gewesen.

Das Ergebnis nach zwei Jahren Laufentzug: 14 kg Reserven für schlechte Tage.

Seit einem halben Jahr ging ich dafür. Mit dem Hund. Rund ums Dorf und kreuz und quer hindurch.

Mehrmals am Tag schritt ich zügig aus oder schlenderte

gemütlich dahin, Nori selten an meiner Seite. Es war wirklich erstaunlich, was der kleine Kerl an Vielfachen von dem lief, was ich mir gönnte! Aber mein Pensum genügte mir, um zumindest meinen Status Quo zu halten. Entzugserscheinungen wegen Nichtgehens waren nicht denkbar. Ich war gezwungen des Hundes Bedürfnissen gerecht zu werden.

Die schönen Herbsttage wandelten sich zunehmend in graue, diesige Tristes. Meine Psyche bemühte sich um Anpassung. Trübsinn konnte und wollte ich nicht zulassen. Das tagtägliche Motto musste also heißen: Lass dich nicht hängen. Es gibt kein schlechtes Wetter. Es gibt nur schlechte Kleidung.

Deshalb kramte ich an dem ersten wirklich schmuddeligen Morgen lange verschmähte alte Schuhe, Mützen und Jacken hervor, verließ mich auf Noris Fell im Zusammenspiel mit seinen natürlichen Abwehrkräften und stellte mich und den Hund tapfer vor die Tür.

„Nützt ja alles nichts", erklärte ich resigniert und latschte mit eingezogenem Kopf tapfer hinter meinen fröhlich vorwärts trabenden Bello hinterher.

Als es zehn Minuten später einigen wenigen Sonnenstrahlen gelang, den Dunst über Acker, Wiese, Sportplatz und Wäldchen zu durchdringen, sprang mein Kleiner gleich einem Känguru durchs hohe Gras.

Lebensfreude pur! Was für eine Freude auch für mich, ihm dabei zuzusehen.

Ich zog meinen Kopf aus der Deckung des hohen Jackenkragens, rekelte und streckte mich der Sonne entgegen und wusste, dass ich ohne Nori den Tag griesgrämig am Schreibtisch verbracht hätte und damit erst mir selbst und später meiner Frau fürchterlich auf die Nerven gegangen wäre.

Ich rief meinen Hund, der sofort kam und gebannt auf meine linke Hosentasche starrte.

„Köter, was geht es uns gut!" rief ich laut der entschwindenden Sonne hinterher, gab Nori ein großes Leckerchen und machte mich in dem wieder einsetzenden Regen gut gelaunt auf den Weg.

Na endlich! schien mir mein dackelbeiniger Fetzer sagen zu wollen, als er mich mit schief gelegtem Kopf ansah, bevor er mit seiner unnachahmlichen Lauftechnik endgültig im Wald verschwand.

Alleine deswegen hatte sich die Anschaffung des Hundes gelohnt, dachte ich. Wobei ich nicht den finanziellen Aufwand zur Anschaffung und Unterhaltung meines Hundes meinte.

Es war die große schwarze Hündin Tara, die mir am nächsten Morgen neben dem leichten Nieselregen ins Auge stach. Ich hatte sie einige Tage nicht mehr gesehen und wunderte mich nun darüber, dass sie stocksteif auf der Wiese stand. Nori verschwand hinter einem Baum, kaum dass wir an der Wiese angekommen waren. Erst jetzt fiel mir das unnatürlich hochgezogene Hinterbein der Hündin auf.

„Dass sieht aber gar nicht gut aus", sagte ich und sah in ein trauriges Menschengesicht.

„Nein, es geht ihr auch nicht gut. Sie hatte einen Unfall und leidet seitdem sehr. In der letzten Nacht haben wir sogar den

Tierarzt kommen lassen." Die müden Augen der Hündin und der traurige Blick ihrer Halterin ließen nichts Gutes für die Zukunft erahnen.

Ich sah noch einen Moment hinter dem sich vorsichtig bewegenden Paar hinterher. Meine Güte, was machten die Frau und ihre Hündin da mit.

Lohnte sich dass alles? Und jetzt dachte ich monetär. Die Hündin, das wusste ich von der Halterin selbst, war bereits mehrfach operiert worden. Litt das Tier schon wieder oder immer noch? Ich hatte keine Ahnung.

Neben der physischen Qual für das Tier und der psychischen Belastung für die Familie, verursachten die Behandlungen bestimmt auch erhebliche Kosten.

Und damit stellte sich für mich die Frage des Tages: War ein Tier das alles wert?

Kaum wieder zu Hause, fütterte ich Nori und schmiss mich dann sofort an meinen Rechner. In meinem elektronischen Haushaltsbuch stand es schwarz auf weiß: Von Mitte Februar bis Ende Oktober hatte ich glatte tausend Euro für die Anschaffung des Hundes (nur 100€!), Tierarzt, Impfungen, Versicherung, Hundesteuer, Zubehör und Nahrung ausgegeben.

War der kleine Nori das bis heute wert gewesen?

Eindeutig ja!

Würde ich bereit sein, eine hoffentlich nie notwendige tierärztliche Behandlung mit mehr Geld zu bezahlen, als mir ein neuer, möglicherweise schönerer Hund kosten würde?

„Scheiße, ich weiß es nicht!" seufzte ich vernehmlich, sodass Nori, der wie immer auf meiner Liege sein Frühstück verdaute, erstaunt seine Augen öffnete.

Wenn ich vormittags schrieb, redete ich nie mit ihm. Und dann bekam er's so richtig dicke von mir: „Also, du Mistvieh, renn nicht immer so bescheuert über die Straßen, friss nicht jeden Scheiß, den du wer weiß wo erschnüffelst, provoziere nicht den beknackten Nachbarn aus dem grauen Haus dich kaputt zu schlagen, lass dich nicht von den Großen beißen und überhaupt, bleib einfach gesund!"

Nori saß! Ohren hoch, Brust raus. Lag nicht mehr an meinem Kopfkissen und schien sich eine passende Antwort zu überlegen.

Ich gab ihm keine Chance.

Ohne weitere Verzögerung legte ich mich neben ihn. Nachdem er verschreckt ob des Attentats auf seine Ruhe hinaus gesprungen war, erfolgte unmittelbar seine Rückkehr. Liebevoll flüsterte ich ihm ins Ohr, dass mir ein neuer, anständiger Wolfshund gut gefallen würde.

Nori sah mir tief in die Augen, erkannte den Schalk darin und klappte beruhigt seine Ohren ein. Minuten später waren wir aneinandergekuschelt eingeschlafen und träumten gemeinsam von einem großen Wolfsrudel, angeführt von dem für seine Heldentaten berühmten *Seppenrader Black Nori*, gefüttert und bewacht von mir.

„Oberschenkelhalsbruch", teilte mir Taras Halterin mit, kaum das ich sie an diesem Sonntagmorgen vorm Bäcker begrüßt hatte.

„Und wann wird sie operiert?" wollte ich wissen.

„Ist schon passiert. Am Freitagabend."

Obwohl ohne ihre Hündin, aber inmitten mehrerer kreuz und quer abgestellter Fahrräder, wirkte die Frau erheblich positiver, als noch zwei Tage zuvor. Ich freute mich für sie, sagte ihr das und machte mich mit Nori und einer Tüte Brötchen auf den kurzen Weg nach Hause.

Während ich fröstelnd durch die Neustraße lief, überdachte ich noch einmal meinen inneren Dialog der Vortage. Im dusteren Schatten der regennassen Kirche entschied ich, mich nicht an diesem Tag zu entscheiden. Und überhaupt, dachte ich, und rief: „Was soll dir schon passieren, du blödes Vieh? Wer sich dermaßen in Gefahr begibt, kommt niemals darin um! Also komm jetzt von der Kreuzung runter und lass uns hineingehen. Ich habe Hunger!"

Nori wartete geduldig, bis der Golf nahe genug heran war und spazierte dann direkt vor dem Wagen her zu mir, nachdem er sich mit einem gelangweilten Blick zur Seite davon überzeugt hatte, dass die Fahrerin auch bei einem starken Bremsmanöver ihr Fahrzeug beherrschte.

Wenn Blicke töten könnten!

„Biene ist tot. Ich habe sie gestern einschläfern lassen", antwortete meine Nachbarin traurig. Ihre ansonsten etwas schrille Stimme klang leise und müde.

Mehr als 13 Jahre hatte sie mit ihrer Hündin zusammengelebt. Zum Schluss war es wohl eher ein zähes überleben des Tieres gewesen. Nicht nur, dass das mir gegenüber sehr zutrauliche Zottelwesen schon seit längerer Zeit die Nächte in auswärtiger Unterbringung bei der *alten Dame* verleben musste, nein, die Hündin litt auch noch an qualvollem Krebs. Nun hatte sie ausgelitten. Im Gegensatz zu ihrer langjährigen Partnerin, die noch einige Tage der Trauer benötigen würde.

Ich machte mir auf der Stelle Sorgen um die Frau vor mir, die jetzt noch einsamer leben würde als zuvor. Hilflos stand ich vor ihr, versuchte zu trösten, wo es nichts zu trösten gab. Nein, einen Hund wollte sie jetzt nicht mehr haben, erklärte sie mir.

Ohnmächtig schaute ich noch lange hinter ihr her, wie sie mühsam davonschlich. Ein Satz von Heinz Rühmann kam mir in den Sinn: *Man kann auch ohne Hund leben, aber es lohnt sich nicht!*

Als ich mich nach Nori umsah, stellte ich überrascht fest, dass dieser ruhig neben mir saß und ebenfalls hinter unserer Nachbarin herstarrte. Spürte er die Traurigkeit, die mich erfasste oder hatte er Langeweile?

Ich wusste es nicht. Jedenfalls ging er ungewöhnlich brav neben mir nach Hause, um sich dort sein Frühstück hineinzuschlingen.

„Gut so, mein Hund! Das Leben ist zu kurz, um es mit Trübsal oder, was noch schlimmer für dich wäre, mit leerem Bauch zu verschwenden", rief ich ihm lachend zu.

„Wuff", machte mein Wuff und sprang an mir hoch. Er freute sich, dass ich wieder der Alte war. Hunde mögen keine Veränderungen. Es sei denn, sie haben sie selber hervorgebellt.

Ein leichter Wind strich durch die Siedlung. Ich hatte mir nur ein Sakko übergestreift und bereute es nicht. Trotz der kühlen Brise wärmte mich die Sonne mehr als genug. Nori und ich genossen den Tag. Die noch jungen Anpflanzungen im Neubaugebiet Dillenbaum sogen das kraftspendende, wärmende Licht tief in sich hinein.

Schön ruhig hier, freute ich mich, als Nori plötzlich stocksteif stehen blieb und ganz offensichtlich ein Ziel fixierte. Erstaunt sah ich mich um, konnte allerdings keinen weiteren Hund entdecken.

Da Nori vom ersten Tag unseres Zusammenlebens an jeglichen Jagd- und Beißtrieb vermissen ließ und damit für andere Lebewesen einfach keine Gefahr darstellte, machte ich mir auch an diesem Tag keine Gedanken über sein Verhalten. Wenn wir unterwegs waren, fixierte er eigentlich nur Tiere, die sich vor ihm bewegten. Hunde, die er schon von weitem roch, lange bevor sie in Sichtweite gerieten, sah er grundsätzlich als potentielle Spielgefährten an. Manchmal kam es aber auch vor, dass ihn ein dunkler Baumstumpf im Wald nicht geheuer war oder herumwirbelnde, nicht definierbare Fetzen, von Winden über die Felder getrieben.

Er hat etwas entdeckt, was nur er wieder sieht, dachte ich schmunzelnd. Wahrscheinlich einen Pillewurm, der seine Nasenspitze in die Sonne hält. Nach Maulwurf sah der grüne Streifen neben dem schmucken Haus nicht aus.

Ich wollte schon weitergehen, als mein Hund in das satte Grün der kleinen Rasenfläche vor uns lief.

Der graue Hügel hinter dem weißen Plastikeimer, von mir bis dahin unbeachtet, entwickelte sich zuerst zu einer großen grauen Vogelscheuche bevor sich der Mann unter der Kapuze zeigte. Und das mit Hallo!

Die Vogelscheuche oder der Mann darunter, ich vermag es bis heute nicht zu sagen, schrie meinen Hund und mich an, dass ich glaubte, eine im hohen Gras versteckt Schlange hätte ihn gebissen. Dann beschimpfte er Nori und mich und schrie nach der Polizei.

Da ich befürchtete, dass der Arme kollabieren könnte, versuchte ich ihn zu beruhigen, was jedoch leider das Gegenteil verursachte.

Wild den mindestens 10 Liter fassenden Plastikeimer schwingend, griff er nun Nori an. Der sprang daraufhin wie toll herum, bellte wie verrückt und übte verschiedene Varianten von Scheinangriffen, die meiner bescheidenen Meinung nach gut ausgeführt waren.

Der Kapuzenmann verfiel endgültig in Hysterie und schlug jetzt gezielt mit dem Eimer nach meinen kleinen Bello, der daraufhin endgültig auf dicke machte.

„Nehmen Sie endlich ihren Köter an die Leine!"

Ich verstand immer noch nicht, warum der Mann dermaßen schnell von null auf hundert explodiert war.

Ich vermutete private Probleme, die mich nichts angingen.

Immerhin, stellte ich beruhigt fest, konnte sich der Mann ja doch verständlich artikulieren.

Ich versuchte nochmals die Kontaktaufnahme.

Meinen Erklärungen, dass sich mein Hund auf der Stelle beruhigen ließe, würde er sein aggressives Verhalten einstellen, überzeugten ihn dann leider doch nicht.

Ich hatte die Nase voll von dem Blödsinn und ging. Mein Hund folgte wenige Sekunden später.

Als wir den Wald erreichten, trafen wir auf Coco und seine Freundin. Die Hunde tobten sich aus, wir Menschen hatten Spaß daran und alles war wieder gut.

Nur einen Tag später, ich hatte die vortägige Begegnung mit *Graszupfer* längst abgehakt, befanden klein Nori und ich uns auf dem Weg von der Wiese nach Hause, als der Hund eine platt gedrückte Tetra-Packung entdeckte, die er auf der

Stelle untersuchen musste. Natürlich mitten auf der Clemens-Hagemann-Straße.

Aufgrund meiner Autorität konnte ich ihn davon überzeugen, dass nicht die ihn umkurvenden Fahrzeuge auf dem Asphalt überflüssig waren, sondern er.

Also nahm ich aus argumentativen Gründen die Packung und gab sie ihm auf dem Bürgersteig zurück. Straßenverkehr und Hund waren daraufhin fürs erste gerettet. Da es sich abzeichnete, dass der Straßenköter seine Zeit benötigen würde, die Packung entweder in kleine Stückchen zu zerreißen oder zurück auf die Straße zu legen, sah ich mich nach einer Möglichkeit um, in möglichst bequemer Lage auf ihn zu warten.

Ich gedachte die Packung, nach der Verarbeitung durch Nori, unter einen der gelben Deckel zu versenken.

Wenn auch ursprünglich nicht von uns auf der Straße platziert, wollte ich den Müll in eine der nächst besten Tonne entsorgen, die einige der Anwohner bereits für den kommenden Entleerungstag an den Straßenrand gestellt hatten.

Da ich mich nicht getraute, die dem Verfall preisgegebene kleine Holzbank im Vorgarten direkt vor meiner Nase zu nutzen - das graue Haus war nicht weit entfernt - sah ich mich nach einer anderen Sitzgelegenheit um. Nicht eine Mauer lud mich ein.

Stattdessen erschallte in meinem Rücken der lockende Ruf der Hausherrin. Natürlich war nicht ich gemeint, sondern eine kleine schwarze Katze mit nur drei Beinen, die ihr kleines Köpfchen neugierig hinter einem Blumenkübel hervorstreckte, der direkt neben der Haustür vor dunkelrotem Klinker stand.

Schnell sah ich hinüber zu Nori, der nach wie vor mit der blöden Packung beschäftigt war.

Ich machte mir nicht wirklich Sorgen um den Stubentiger. Mein Hund hatte bisher Katzen nur dann wahrgenommen, wenn sie vor ihm davonliefen oder ihn davonjagten. Hierbei motivierten ihn auch nur sein Spieltrieb und seine Freude am Rennen.

Umso erstaunter registrierte ich deshalb sein plötzliches Interesse an der kleinen Schwarzen, die ganz still dasaß und Noris Annäherung gelassen entgegensah.

Meine Gelassenheit verließ mich dagegen, da ich mich mit dem Hund geeinigt hatte, weit möglichst keine fremden Vorgärten zu betreten. Immerhin hatte er sich diesbezüglich bereits am Vortag danebenbenommen.

Ein schneller Blick zum grauen Haus beruhigte mich ein wenig. Der potentielle *Hundekaputtschläger* war nicht in Sichtweite.

Ein Satz, die Katze verschwand um die Hausecke und mein Kampftier hinterher.

„Nori! Komm sofort zurück!" rief ich zur Beruhigung meiner Nachbarin, die ich bis zu diesem Tag nicht kennen gelernt hatte.

Selbstverständlich kam der Hund sofort zurück, sah mich kurz an und schoss mit zwei kleinen Sätzen an Frau und Hemmungen vorbei ins Haus.

Scheiße! dachte ich.

„Nori, komm sofort da raus!" rief ich, hilflos auf dem Bürgersteig stehend. Verlor ich endgültig die Kontrolle über meinen Hund? Entwickelte dieser sich tatsächlich zu einer Gefahr für meine Mitmenschen?

Den unerfreulichen Vorfall des Vortages wieder vor Augen, bemächtigte sich trotzdem keine tiefe Verunsicherung meiner.

Nein, dieser kleine Kerl stellte keine Gefahr für Menschen dar, höchstens für deren liebevoll aufgezogenen Grashalme.

Damit konnte ich und sollten Menschen leben können, die aufs Land zogen, raus aus den großen Städten voller Verbote.

Leute, die Nachbarn anzeigen, weil entweder deren Hahn kräht oder Ziegen und Schafe meckern, Kinder mit Kreide auf der Straße malen, Hunde bellen, Fußbälle in Gärten landen oder Grillabende durch Polizeieinsätze auflösen lassen, waren mir immer schon suspekt.

Ich demonstrierte trotzdem, des lieben Friedens willen, meine Erschütterung über das unverschämte Verhalten meines Vierbeiners, dem Scham nun mal nicht angeboren war, indem ich blöde grinste und mich kleinmütig gab.

Anstatt mir wortreich verziehen wurde, folgte die Dame des Hauses Nori ins Innere desselben. Ängstlich wartete ich auf wildes Gebell oder gar klägliches Wimmern als Folge der zweifelsohne berechtigten Verteidigung von Haus und Hof.

Meinem instinktiven Drang, dass Haus zu stürmen, gab ich nicht nach. Das wäre wirklich zu viel des Guten gewesen.

Noch unentschlossen, was ich nun tun sollte, kam zu meiner großen Erleichterung die Hausherrin zurück in den Eingangsbereich, mit einem Fressnapf in der Hand und meinem wie bekloppt hüpfenden Hund an ihrer Seite. Meine Anwesenheit interessierte ihn nicht die Bohne.

„Der Bursche hat das Katzenfutter gerochen", lachte sie und fing an, Nori aus dem Futternapf heraus zu füttern.

Während Nori fraß, unterhielten wir uns nett über unsere

Tiere, bis sie mir erzählte, dass ihrer Katze das Bein amputiert worden war, nachdem jemand das Tier angeschossen hatte. Sie hatte seinerzeit zwar Anzeige erstattet, aber der feige Schütze war nie entdeckt worden.

Der Hinweis auf die Anzeige hatte mich dann doch stutzig gemacht. Ich erzählte ihr, dass mir Vertreter der Gemeindeverwaltung versichert hatten, dass in den letzten 20 Jahren keine Anzeigen in Zusammenhang mit Anschlägen auf Tiere erstattet worden seien. Daraufhin erzählte mir meine sympathische Gesprächspartnerin, dass sie persönlich ca. 3 bis 4 Jahre zuvor im Außenbereich des Dorfes einen vergifteten Dackel gefunden und es definitiv zu diesem Zeitpunkt weitere Vergiftungen gegeben habe. Das deckte sich absolut mit den Aussagen der *alten Dame* und den sonstigen Informationen. Für mich bestand kein Zweifel mehr: Vor gut 3 Jahren hatte sich ein übler Mensch große Mühe gegeben, zu töten.

Meine neue Bekanntschaft hatte mittlerweile die Reste der Katzennahrung an meinen Hund verfüttert und bat ihn freundlich zu gehen: „Hau ab zu deinem Herrchen, ich muss jetzt kochen!" verabschiedete sie uns fröhlich.

Nach nur ca. 17 Aufforderungen kam der Schnorrer hinter mir her gerannt. Wohlgenährt und gut gelaunt trottete er vor mir her, immer die Schnauze nach unten gerichtet, auf der Suche nach Fressbarem.

Erst jetzt fiel mir die kleine Katze wieder ein, die bestimmt schon darüber nachdachte, wie sie es dem kleinen Kläffer heimzahlen konnte, nicht nur in ihr Revier eingedrungen zu sein, sondern auch noch ihr Abendessen verschlungen zu haben.

„Nori, mein Kleiner, wenn du so weitermachst, kann ich mich bald nirgends mehr mit dir blicken lassen", sagte ich, in der Hoffnung, dass er einsichtig die soeben fixierte Mauerecke nicht markieren würde. Aber denkste! Zack landeten drei abgezählte, schwungvoll abgeschossene Tropfen am untersten grauen Stein. Unsichtbar für mich, aber jeden fremden Hund abschreckend!!

Am folgenden Wochenende, an dem ich diese Zeilen schrieb, war ich nach der Durchsicht meiner Notizen endgültig zu der Erkenntnis gekommen, dass es in den vergangenen Jahren beweisbar Anschläge auf Tiere gegeben hatte.
Daraus folgerte ich, dass es unbedingt Konsequenzen hätte geben müssen, wenn alleine die mir bekannten Vorfälle angezeigt worden waren.
Und hier blieb es komisch. So oft ich neue Informationen erhielt, konnte mir trotzdem niemand sagen, wer in den letzten Jahren auch nur eine Vergiftung angezeigt hatte.
Warum nur, holte mich dieses Thema ständig wieder ein?
Sollte ich dazu berufen sein, das Geheimnis von Otti-Botti aufzuklären?
Würde die Gemeinde in absehbarer Zeit eine Straße nach mir benennen? Ich war jetzt schon begeistert von mir.

Ab und an trieb es Nori und mich aus den verschiedensten Gründen nach Lüdinghausen.
Wenn wir geschäftliches und unnötiges erledigt hatten, gönnten wir uns häufig zum Abschluss dieser Anstrengungen einen Gang um den Klutensee. So auch an diesem kalten, aber sonnigen Novembertag. Ein strahlend blauer Himmel

ließ mich besonders langsam gehen. Ich wollte so lange wie möglich das noch traumhafte Wetter und den durch das entlaubte Buschwerk am Ufer kaum verdeckten See genießen. Auf der Holzbrücke, am Rand einer kleinen Liegewiese, blieb ich begeistert stehen. Ein mehr als 50 Tiere starker Schwarm Kanadischer Wildgänse trieben mit langen Hälsen träge auf dem Wasser, bestaunt von einer Unzahl weiterer Wassertiere, die respektvoll Abstand zu den Besuchern aus dem weit entfernten Norden hielten. Abgesehen von der ebenfalls großen Anzahl heimischer Enten waren es zum großen Teil Zugvögel, die es scheinbar im Moment nicht mehr weiter zog.

Was für eine kitschige Idylle. Einfach zum genießen.

In dem schmalen flachen Randstück zwischen Wasser und Wiese hatten sich Sand und Laub zu einer dichten, unappetitlich braunen Schicht verbunden, in der sich mein Hund genüsslich wälzte.

Die nicht weit von ihm plötzlich laut schnatternden Gänse untermalten die Gefahr.

Scheiße! Hoffentlich kein toter Fisch, dachte ich, fand aber nichts dergleichen, als ich mir die Stelle näher ansah. Fischgeruch im Hundefell ist schlichtweg eine Zumutung.

Beruhigt schaute ich meinem wie angeschossen davon hopsenden Nori nach, der einen ankommenden Hund auf seine Mitspielfähigkeit hin begutachten wollte. Am Klutensee keinen Hund anzutreffen, war undenkbar.

Ein riesiger Bobtail zerrte an der Leine. Sein Herrchen hatte ihn im Griff. Ist der Bello groß geworden, dachte ich und grüßte den älteren Herrn. Wir kannten uns flüchtig aus der Hundeschule, in der ich im Sommer erzogen wurde, Nori zu erziehen. Die Schulungen waren ganz nützlich gewesen. Zumindest ahnte ich seitdem, was mein Hund alles könnte, wenn wir wollten. Na ja, wir waren auch so ziemlich zufrieden mit uns.

Nori ging zurück zum Wasser. Was sollte er auch mit dem großen Hund anfangen, zumal der an der Leine saß. Wir Männer sahen Nori zu, wie er seine kleinen Pfoten vorsichtig ins kalte Wasser stippte und unterhielten uns ein wenig über den Spaß, den der Bobtail im Wasser empfand, wenn er hinein durfte.

An diesem Tag durfte er nicht. Ich sah auf den zotteligen Kerl hinunter und stellte mir schaudernd vor, wie dieser sein nasses Fell in der Wohnung ausschüttelte.

Gerade wollte ich eine entsprechende Bemerkung machen, als es mir wie Schuppen von den Augen fiel: „Sagen Sie mal", fragte ich also, „waren Sie das, der seinen Hund unter Einsatz aller Kräfte aus dem Kanal retten musste?"

„Jau. Der war in den Dortmund - Ems - Kanal gesprungen, an einer Stelle, wo das Ufer durch senkrecht eingelassene Metallspundwände gesichert ist. Da schaffte er es natürlich nicht wieder hochzuspringen. Ich konnte ihn dann zu einer senkrechten Treppe in der Wand locken und mit Hilfe anderer Personen aus dem Wasser hieven."

Das zum Thema: Heldenhafte Rettung eines Hundes, dachte ich und glaubte mich erinnern zu können, dass in dem von mir gelesenen Zeitungsartikel geschrieben stand, der gute Mann sei ins Wasser gesprungen, um seinen kurz vorm Absaufen befindlichen Hund zu retten.

„Das war gar nicht so einfach. Bis zur Brust habe ich im Wasser gestanden. Und der Hund ist auch ohne nass zu sein schon schwer genug."

Ich sah noch einmal den hübschen Burschen an, der mir locker über den Hüftknochen schaute. Mindestens 35 Kilo schätzte ich. Also doch eine Heldentat!

Nori wollte weiter. Ich verabschiedete mich, zumal die Sonne das Gleiche ankündigte.

Bei schönem Wetter spazieren zu gehen kann jeder. Im grauen Dunst eines Novembermorgens war dieses eher etwas für harte Männer mit Hund.

Wieso traf ich eigentlich fast nur Frauen mit ihren Hunden in Wald und Flur?

An diesem Morgen begegnete ich einer Dame mit ihrem Langhaardackel, die ich schon öfters getroffen hatte. Obwohl die fast entlaubten Bäume am Wegrand sich tot stellten und damit in das ungemütliche Grau des Himmels passten, blieben wir auf ein kleines Schwätzchen stehen. Was sollten wir auch anderes machen, wenn unsere Hunde sich beschnuppern wollten.

„Ich lasse ihn lieber an der Leine, wer weiß, wie lange das Gift wirkt, wenn es das Gift überhaupt gegeben hat", antwortete sie mir auf meine Bitte, den Hund loszumachen, damit die Kleinen vernünftig toben konnten.

Was sollte ich dazu sagen?

„Ob die Gerüchte überhaupt der Wahrheit entsprechen, kann mir auch keiner sagen", behauptete sie weiter.

„Doch ich", sagte ich fröhlich und berichtete von den bisher mir bekannten Vorgängen, Reaktionen und Vermutungen.

„Oh, dann gab es also wirklich wieder einen toten Hund!" stellte sie fest, während ich meine Ohren aufstellte. Nicht so gut wie Nori das konnte, aber genauso konzentriert. Da war sie wieder, die Vergangenheit, an die ständig erinnert wurde, ohne dass ich mehr konkretes erfuhr.

„Es wird wieder nichts dabei herauskommen. Genau wie damals, als wir bei Lindfeld eine Interessengemeinschaft Hund gebildet haben. Ist wohl 10 Jahre her. Da war sogar einem Jäger sein Dackel vergiftet worden."

Ich war mehr als nur verblüfft. Endlich eine Information mit Hintergrund.

„Und das, wo ich schon mehrmals auf Jäger als potentielle Täter hingewiesen wurde?" fragte ich vorsichtig. Ich wollte niemanden auf die grüne Kluft treten.

„Ja, die Idee hatten wir damals auch. Deswegen haben wir uns auch mit Jägern zusammengesetzt, die ein solches Vorgehen jedoch strikt von sich wiesen. Gleichwohl sie ihren Ärger darüber nicht verhehlten, dass freilaufende Hunde das Wild vertreiben würden."

Dass ich genau wusste, dass es zumindest vereinzelt Jäger gab, die Giftköder für Raubvögel auslegten, damit diese nicht die beliebten Hasenkeulen an ihre Brut verfütterten, behielt ich für mich.

„Wir sind sogar Streife gegangen. Das hat aber auch nichts gebracht. Ist auch schon 10 Jahre oder so her.

Einige Zeit hatte ich auch den Hundehasser im Verdacht. Rausbekommen haben wir nichts."

Wer, verdammt noch mal, war jetzt der Hundehasser? fragte ich nicht.

„Und was war mit Glasscherben und Rasierklingen in Fressködern", hakte ich schnell nach. Quellen sollte man nutzen, solange sie noch sprudelten.

„Das ist lange her und war auch nicht hier. Meines Wissens wurden diese abscheulichen Köder in der Gegend von Borken oder Coesfeld gefunden. In Senden gab es auch schon Vorfälle."

Wie eigentlich überall, ergänzte ich in Gedanken und fasste in diesem Augenblick einen Beschluss: Ich würde dem ganzen Zinnober keine Bedeutung mehr beimessen.

Die einzigen Teilnehmer, die in diesem sich ständig wiederholenden makabren Spiel ihr zweifelhaftes Vergnügen fanden, waren die Attentäter. Umso mehr Reaktion sie auf ihr feiges Handeln erfuhren, umso glücklicher waren sie.

Ende November versank Otti-Botti in einer extrem dichten 3 Zentimeter dicken Schneeschicht. Nori purzelte durch das Weiß der Landschaft und fand es riesig, dass er die von mir zugeworfenen Bälle anknabbern konnte.

„Und morgen bauen wir einen großen Schneehund", versprach ich meinem Bello, als wir am Waldrand standen und das im Winterkleid herausgeputzte Dorf mit dem alles überragenden dunklem Kirchturm wohlwollend betrachteten.

Mein Hund wedelte vor Freude mit dem Schwanz und rannte dann zum nächsten Grasbüschel am Ackerrand.

Was ich daraufhin zu sehen bekam, gefiel mir ganz und gar nicht. Ein uringelber Streifen verschandelte unappetitlich anzuschauen den Schnee. Ich würde noch mehr als sonst darauf achten müssen, dass Nori die Vorgärten unmarkiert passierte.

Ganz klar! Stressvolle Monate lagen vor mir.

Am folgenden Tag trieb ich meinen Wuff und mich aus unseren Träumen und raus aus dem Haus, um den geplanten

Schneehund zu bauen. Eine angenehme milde Luft und trockene Gehwege verschönerten uns den Morgenspaziergang. Ohne Schnee, beschloss ich das geplante Projekt Schneehund abzublasen, und sagte dieses meinem Hund. Nori erklärte sich nach kurzem Zögern einverstanden.

Zwei Tage später stand ich mit dem Wohnmobil auf dem Parkplatz des Venner Moors am Dormund - Ems - Kanal, als mir beinahe die Meldung im Radio entgangen wäre.

Den sich sträubenden Hund an der Leine zurück ins Auto gezerrt, hörte ich trotz seiner Proteste gebannt zu, als eine Nachrichtensprecherin des kommerziellen Radiosenders *Kiepenkerl* mir, und wahrscheinlich auch anderen Zuhörern mitteilte, dass die Untersuchungen des Chemischen Landes- und Staatlichen Veterinäruntersuchungsamtes (CVUA) der vermeintlichen Köderfunde in Senden und speziell in Ottmarsbocholt keine positiven Ergebnisse ergeben hätten. Die verendete Hündin würde nochmals gezielt auf Rattengift untersucht.

Rattengift, von Frau Dr. Hartmann als Todesursache beinahe ausgeschlossen, war erneut ins makabre Spiel eingebracht.

Das empfand ich nicht wirklich als eine beruhigende Nachricht, entzog jedoch zugegebenermaßen erst einmal dem Verdacht einer gezielten Aktion gegen Hunde die Grundlage.

Ich beschloss, die Radiomeldung erst einmal als bare Münze zu akzeptieren und mich in den nächsten Tagen genauer zu informieren.

Mich zu informieren, war mein eigentliches Anliegen gewesen, als ich an den Kanal gefahren war. Ich wollte mir vor Ort ansehen, was der riesige Aufwand an Mensch und Maschinen zu bedeuten hatte, den man seit Wochen bis Höhe

Alexianer Krankenhaus beobachten konnte.

Und so erlaubte ich Nori endlich aus dem Fahrerhaus des Womo zu springen und mit mir die wenigen Meter, streng an der Leine, zum Kanal zu gehen. Dort ließ ich ihn frei, unter der Direktive, sich anständig zu benehmen. Also pinkelte er zur Bestätigung erst einmal eines der Absperrschilder an und rannte dann los, die von sämtlichen Bewuchs frei gerodete Uferböschung zu erkunden.

Donnerwetter, dachte ich schwer beeindruckt, die räumen hier aber mächtig auf. Dass es darum nicht ging, war mir allerdings seit langem bekannt. Nachdem in Richtung Münster, vor allem im bereich Hiltrup, der Dortmund - Ems - Kanal verbreitert worden war, sollte hier ein weiterer Kanalabschnitt ausgebaut werden.

Ich betrachtete also die für mich einsehbare riesige Baustelle und wunderte mich. Nicht darüber, wie mein Köter sich immer mehr einsaute, sondern über die Ausmaße an Bodenfläche, die scheinbar dem Kanal weichen sollten.

Es ist nicht so, dass ich ein übermäßiger Ökofreak wäre. Aber bei meinen morgendlichen Gängen mit Nori, hatte ich wenige Monate zuvor, hinter unserem Wäldchen im Norden von Otti-Botti, einen Mann bei Erdbewegungsarbeiten auf einem Acker beobachtet.

Mit einem großen Schaufelbagger war er tagelang aufs Feld gefahren und hatte damit eine tiefe Mulde ausgehoben. Mit dem Aushub hatte er danach einen niedrigen Wall um eine Fläche von vielleicht 200 mal 200 Metern aufgeworfen.

Als ich eines Morgens dort auflief, war der Fahrer gerade dabei, seinen monströsen Bagger auf einem Tieflader festzuzurren. Er schien mit dem hässlichen Loch am Rande des

Ackers zufrieden zu sein oder aufgegeben zu haben. Ich grüßte höflich und wurde freundlich zurückgegrüßt. Neugierig, wie ich nun einmal bin, bat ich den Mann, mir sein Handeln zu erklären, zumal ich mittlerweile an der Seitenwand des Tiefladers lesen konnte, dass hier eine Unternehmung für Garten- und Landschaftsbau ihr Wesen trieb.

„Wir haben hier eine renaturierte, also landwirtschaftlich nicht mehr zu nutzende Fläche geschaffen", war seine erstaunliche Antwort gewesen. Ich hatte es also mit einem Öko-Baggerführer zu tun und war entsprechend beeindruckt gewesen.

„Und warum wird das gemacht", fragte ich.

„Als Ausgleich für die Kanalerweiterung", hatte er mir geantwortet und von den geplanten Baumaßnahmen erzählt, die ich gerade begutachtete.

Nori, der wahrscheinlich meinen skeptischen Blick auf sein lehmfarbenes Fell bezog, war Schwanz wedelnd zu mir zurückgekehrt und glotzte mich fragend an.

„Nein, mein kleines Ferkelchen, ich tobe garantiert nicht mit dir in der Mutke", bestand ich auf meine noch sauberen Schuhe.

Ich riss mich wieder von den traurigen Augen in Wadenhöhe los und taxierte das geplättete Gelände.

„Das sind gerade mal 400 Quadratmeter. Entweder haben sie noch an anderen Stellen renaturiert oder sie bescheißen!"

Mir war das egal. Meiner Meinung nach gab es schlimmeres, als eine Kanalverbreiterung.

„Auf jeden Fall werden wir hier erst wieder entlang wandern, wenn sie schöne, saubere Wege angelegt haben", erklärte ich Nori und ging mit ihm ins Moor, in der Hoffnung, dass sich sein derzeitiges hellbraun geflecktes Fell in das gewohnte Schwarz renaturieren ließ.

Westfälische Nachrichten   **Freitag, 28.November 2008**
„Köder sind definitiv nicht vergiftet"
Ottmarsbocholt. Die Aufregung und Sorgen der Ottmarsbocholter Hundehalter sind offenbar unbegründet. „Die Köder sind definitiv nicht vergiftet", fasst Holger Bothur das Ergebnis des Untersuchungsamtes in Münster zusammen, das nach über fünf Wochen nun endlich vorliegt.

Sicherheitshalber sollen nun auch noch Gewebeproben des getöteten Hundes genau analysiert werden. Das Tier war an inneren Blutungen gestorben. Die Ursache dafür konnte bisher nicht geklärt werden.

Es sei nicht auszuschließen, dass der Hund nicht im Bereich Sportplatz/Dillen, sondern an anderer Stelle mit Rattengift, Pflanzenschutzmitteln oder ähnlich giftigen Substanzen in Berührung gekommen ist, erklärt der Leiter des gemeindlichen Ordnungsamtes.

„Die Hundehalter sollten unbedingt darauf achten, wo und was ihre Tiere fressen", nennt Holger Bothur eine Schutzmaßnahme, für die jeder Tierfreund selbst sorgen kann. Darüber hinaus bittet der Sachgebietsleiter alle Haus- und Gartenbesitzer um besondere Vorsicht und Sorgfalt beim Einsatz giftiger Substanzen.

„Die Sicherheitshinweise sind unbedingt zu beachten und einzuhalten."

„Aus die Maus", brummte ich an diesem Morgen und empfand eine gewisse Genugtuung, bei der Aufklärung des Sachverhalts ein wenig geholfen zu haben. Den Mitarbeitern der Gemeinde unterstellte ich Erleichterung darüber, keine terrainsichernden Hundertschaften, Überwachungskameras oder ähnliche überzogenen Maßnahmen ergriffen zu haben. Dass wir Hundehalter uns bei unseren Begegnungen in Wald und Wiese bereits seit Wochen nicht mehr über das Thema Giftköder unterhielten, sei hier auch nochmals erwähnt.

Der toten Paula und der wahrscheinlich immer noch traurigen Familie, bei der die tote Hündin lebte, wird dies alles kein Trost gewesen sein. Und wenn in den kommenden Jahren wieder einmal ein verendetes Tier für Aufregung sorgt, wovon ich ausgehe, wird sich viel von dem gerade Vergangenem wiederholen.

„Ja mein Purzelchen. Haaalt! Warte doch! Ist ja guuut." Nur mühsam gelang es meiner Frau, ihr Zugangsrecht durchzusetzen. Wie jeden Spätnachmittag stand ich bescheiden im Abseits meiner Zimmertür, bis die tägliche Begrüßungszeremonie der beiden beendet war. Jetzt bekam auch ich meinen Kuss. Nori schnappte sich derweilen den Leinenbeutel meiner Frau und entleerte ihn durch geduldiges Hin- und Herschütteln. Ich bekam meine Zeitung, der Hund riss das Etikett von der leeren Wasserflasche und meine Frau rettete den blauen Beutel und die grüne Brotbox vor den lustig blinkenden Fangzähnen unseres bekloppten Mitbewohners.

„Da steht noch mal was zum Thema vergifteter Hund drin", rief meine Frau. Messerscharf kombinierte ich, dass sie die WN in meiner Hand meinte.

Lange brauchte ich nicht zu suchen, obwohl der Artikel klein abgefasst war.

Westfälische Nachrichten   **Samstag,**
06. Dezember 2008
„Vergiftungsursache nicht zu ermitteln"
Ottmarsbocholt. *Auch nach dem nun vorliegenden Untersuchungsbericht des Chemischen Landes- und Staatlichen Veterinäruntersuchungsamtes gibt es keinen stichhaltigen Beweis für vergiftete Hundeköder in Ottmarsbocholt. In der zusammenfassenden Beurteilung heißt es wörtlich:*
„Aufgrund der durchgeführten morphologischen Untersuchungen besteht der Verdacht auf das vorliegen einer Vergiftung. Eine Vergiftungsursache konnte mit Hilfe der durchgeführten Untersuchungen nicht ermittelt werden."

Aha! dachte ich mir. Alles klar. Wenn mir jetzt noch jemand erklären könnte, was morphologische Untersuchungen sind, würde ich etwas mit dem Artikel anfangen können.
Ich stellte also schnell meiner Frau ihr Essen auf den Tisch, dem Hund seinen Napf mit Trockenfutter in die Küchenecke und verschwand mit dem Hinweis auf wichtige Recherchen hinter der Tastatur meines PC.
´Bereits Goethe hat aus der äußeren Beschaffenheit vieler Pflanzen versucht, eine mögliche Urpflanze zu bestimmen`, erfuhr ich sinngemäß auf den verschiedensten Internetseiten, nachdem ich Morphologie als Suchbegriff eingegeben hatte.
„Wusstest du, dass Goethe sich auch mit naturwissenschaftlichen Problemen beschäftigt hat?" fragte ich meine

Lieblingsfrau, als diese gucken kam, warum ich so schnell in mein Zimmer verschwunden war.

„Ja", war ihre klare Antwort. Nun gut, dachte ich und beschloss, dieser Aussage nicht weiter auf den Grund zu gehen. Zumal ich Goethes Ansichten über Hundehaltung, die denen meiner Gemahlin verdächtig nahe kamen, sowieso nicht teilte:

´Dem Hunde, wenn er gut erzogen, wird selbst ein weiser Mann gewogen` von Johann Wolfgang von Goethe

Ich suchte weiter, mit dem Vorsatz, mögliche poetische Gesichtspunkte unberücksichtigt zu lassen.

Es galt jetzt und hier eine klare Definition des Begriffs Morphologie zu finden, die mir half, die Aussage der im Zeitungsartikel zitierten Wissenschaftler zu verstehen. Hier und jetzt dauerte länger. Das Ergebnis meiner Bemühungen war bescheiden. Also erstellte ich eine Kurzdefinition, mit der ich selbst leben konnte:

„Bei Verdacht auf Vergiftung werden in der morphologischen Untersuchung eines verendeten Tieres die wahrscheinlich betroffenen Organe, wie Leber, Nieren, Magen etc. auf das Genaueste betrachtet und mit den üblichen Merkmalen von gesunden Organen verglichen."

Ich vermutete also, dass sich die Organe der toten Paula verändert hatten, die Wissenschaftler die Ursache aber nicht ermitteln konnten oder aus finanziellen Gründen nicht im Detail suchen wollten.

Stolz präsentierte ich meiner nicht allzu sehr interessierten Gattin mein informatives, schön formuliertes Ergebnis.

„Und warum erklären die Zeitungsleute das nicht sofort für alle Leser verständlich?" wollte mein Weib von mir wissen. „Weil sie den Wissenschaftskram womöglich selber nicht verstehen", brummte ich und betrachtete Noris allzu große Ohren unter morphologischen Gesichtspunkten, als er sich endlich erfolgreich zwischen uns gedrängt hatte.

„Riesenfledermaus, Untergruppe Straßenköter", morphoste ich und hatte meinen Spaß. Meine beiden Lebensgefährten verließen daraufhin beleidigt das Zimmer. Verstehen keinen Spaß, diese Sensibelchen, dachte ich verblüfft und starrte auf zwei hinauswackelnde Hinterteile. Nur kurz überdachte ich die Konsequenzen, dann beschloss ich, keine weiteren Morphologien zu entwickeln.

Als Welpe, also im vergangenen Sommer, hatte Nori mit seiner schon in diesem Alter ausgeprägten Selbstüberschätzung versucht, eine Herde friedlich widerkauernder Rindviecher durch seine Kängurusprünge und blödes Gebell zum spielen zu animieren.

Wie es den Kühen bei der daraufhin wilden Trampelei gelungen war, meinen kleinen Kampfhund nicht einmal zu verletzen, ist mir bis heute ein Rätsel.

„Macht nichts", hatte ich meine Frau an dem Tag beruhigt, „nur so kann er es lernen, Acht zu geben."

Frauchen sah das anders. Der „arme Hund" wurde, meiner Auffassung nach erheblich zu intensiv, bedauert und beruhigt, als er endlich von seiner Flucht ins weitläufige Gelände westlich der Dorfstraße zurückgekehrt war. Ich hatte dabei den Verdacht, dass meine Gemahlin damit ihren eigenen Schrecken verarbeitete, während der Hund überhaupt nicht mehr wusste, worum es eigentlich ging.

An diesem Morgen, also ein halbes Jahr später, sah ich mich in meiner Vermutung nachträglich bestätigt, dass wir Menschen viel zu ängstlich sind, was unsere Hunde angeht. Mein Hund, zum Beispiel, lernt andauernd aus den Erfahrungen die er tagtäglich macht. Und damit definiert er sich auch ständig neu.

Da der Winter sich vor unserer Haustür nicht zurückmeldete, und damit schneetechnische Aktivitäten vorm Haus ausgeschlossen waren, gingen Nori und ich wieder unsere gewohnten Runden.

Auf der Ökoausgleichswiese, direkt hinterm Wald, stand an diesem Tag, wie aus dem Nichts geboren, eine Herde Schafe.

Nach einem kurzen Blick zu mir hoch, drehten sie ihre Köpfe und sahen an mir vorbei hinunter auf das kleine schwarze Wesen neben meinen Füßen. Nori hatte schon Schafe auf dem Hofgelände am Broholt und auf der Weide am Friedhof kennen gelernt. Es hatte ihm und den Schafen keine Probleme bereitet.

Also ließ ich meinen Wuff an dem offensichtlich für Schafswanderungen konzipierten, flexiblen Kunststoffzaun schnuppern, in der Gewissheit, dass den Schafen keine Gefahr droht.

„Quiek, quiek, quiek...!"

Verwundert glotzte ich hinter das kleine schwarze Ferkelchen her, das soeben, natürlich ohne die Straßenordnung zu beachten, auf den asphaltierten Straßenabschnitt des Broholt verschwand.

Ich sah mich nach meinen Hund um, da ich nicht wollte, dass er das arme flüchtende Tier auch noch verfolgte. Kein Hund weit und breit. Nur langsam drang die Erkenntnis zu mir durch, dass es sich bei dem kleinen quiekenden Flitzer um Nori gehandelt haben könnte. Und da stand er auch schon! Zurückgekehrt von seiner Flucht vor was auch immer. Klein und schüchtern sah er zu mir herüber, der ich immer noch bei den Schafen stand.

„Was ist denn in dich gefahren?" rief ich ihm zu. Als Antwort bekam ich zuerst ein klägliches „Wuff" zu hören, dem dann aber ein anständiges Bellen folgte. Gut so, dachte ich. Bei dem Gedanken, dass Nori nicht mehr bellen, sondern ab sofort nur noch wie ein Scheinchen quieken würde, hätte mich beinahe die Panik ergriffen.

Ich würde ihn nicht trösten und knubbeln. Zum einen war er nicht unter eine Kuhherde geraten, zum anderen wollte ich meinen soeben durchlebten Schrecken nicht über ihn verarbeiten. Was soll's, dachte ich tapfer. Natürlich wäre es hart für mich gewesen, mit einem ferkeligen Hund leben zu müssen, aber ich hätte zu ihm gestanden.

Nori schien gefühlt zu haben, dass wir nur knapp einer irreparablen Beziehungskatastrophe entkommen waren. Mit ernstem Gesicht kam er zu mir, setzte sich an den Wegrand, auf der anderen Seite des weißen Zaungeflechts und ließ seinen Schwanz hängen. Als er seine Augen vorwurfsvoll erst auf mich und dann auf den Zaun richtete, kapierte ich endlich. Durch dieses dünne Geflecht aus Kunststoffseilen floss bestimmt irgendwo Strom. Dieser war in Nori gefahren, als der seine Nase durch den Zaun stecken wollte.

Alles klar! dachte ich. Daraus kann er nur lernen.

Die Schafe blieben noch einige Tage. Sie wanderten mitsamt dem Zaun von einem Wiesenabschnitt zum nächsten.

Während ich mich morgens weiterhin wunderte, wieso die Herde mal wieder woanders stand, sprang mein kluger Hund jedes Mal blitzschnell an dem weißen Geflecht vorbei, welches seine Nase so unangenehm gekitzelt hatte.
Die Schafe schienen ihm das nicht weiter übel zu nehmen. Mich jedenfalls begrüßten sie weiterhin mit blöken und Aufmerksamkeit.

Was ich beinahe vergessen hätte, zu erwähnen:
Nori hatte tatsächlich bereits das erste Jahr überlebt. Wie schnell doch die Zeit verging.
Herzlichen Glückwunsch, mein kleiner Freund!
Trotz aller Unkenrufe von Hundeexperten in Literatur, live oder im Fernseher, trotz verkehrstechnischer Wahnsinnstaten meines Straßenköters, trotz nachbarschaftlicher Anfeindungen und trotz zweier ernster Kämpfe mit größeren Hunden hat sich Nori sein freundliches Wesen erhalten.
Aufgrund seiner stets aufgeweckten und 'fast` immer liebevollen Art, hat er viele Freundschaften mit anderen Hunden und sogar mit dem grauen Kater am Dillenbaum geschlossen.
Sehr viele Menschen im Dorf mochten ihn. Und das galt nicht nur für Hundebesitzer. Gerade die Bewohner des Daverthauses erfreuten sich an seiner Lebendigkeit. Wenn er mit Shila, der kleinen Hündin einer der Betreuerinnen, rund um das ehemalige Dorfkrankenhaus fegte, hatten alle ihren Spaß daran. Sie erweckten oftmals den Eindruck, als wenn die freien Flächen rund ums Haus nur für sie geschaffen worden wären.
Und dass der Pastor meinen kleinen schwarzen Fetzer schon mal als „Schwaten Deibel" betitelte, war wohl auch eher

liebevoll gemeint. Zum Dank dafür lief Nori auch häufig über den Rasen vor des Pastors Haus, damit sich dort kein Maulwurf anfing wohl zu fühlen.

Donnerwetter, dachte ich erstaunt, als ich einige Tage später drei Männer mit schwerem Gerät auf der Ökowiese entdeckte. Sie pflanzten doch tatsächlich soviel Bäume, dass ich auf der Stelle darüber nachdachte, ob die Gemeinde dabei war, eine Hundespielwiese mit Markierungsgelegenheiten anzulegen.

Blödsinn, entschied ich mich dann doch dafür, auch 7 Tage vor Weihnachten nicht an Wunder zu glauben. Obwohl! Wer wusste schon nach den Aufregungen der vergangenen Wochen, ob nicht ein paar Herrschaften des Ordnungsamtes über eine solche Möglichkeit nachgedacht hatten.

Es ist schon erstaunlich, wie sich ein flüchtiger Gedanke schnell zu einer Idee verfestigen kann. Bereits einen Tag nach meinem Gang entlang der Ökowiese tätigte ich im Bösenseller Gewerbegebiet einen Einkauf. Nori musste im Womo warten, was ihm keine Probleme bereitete. Da ich Zeit hatte, bat ich ihn nach meiner Rückkehr um einen kleinen Spaziergang, den er mir auch ohne zu zögern gewährte.

Eine schwarze Schäferhündin, graue Haare im Fell zeugten von ihrem hohen Alter, ward von Nori bald entdeckt und zum Spielen animiert worden. Uns Hundebegleiter wurde eine kleine Gesprächsrunde zugestanden, die wir auch leidlich nutzten. Ich staunte immer wieder, zu welch einer Quasselstrippe ich mich entwickelt hatte, seitdem ich mit Nori soviel unterwegs war. Nun gut. Während unseres Smalltalks outete sich mein Gesprächspartner als Mitglied des

Bösenseller Hundevereins und wir sprachen über deren verzweifelte Suche nach einem neuen Vereinsgelände, da dem Verein der Pachtvertrag des alten Geländes aufgekündigt worden war. Ich hatte davon in der Zeitung gelesen.

Es war in Bösensell scheinbar leichter, inmitten eines Wohngebietes Tennisplätze zu betreiben, als am Ortsrand oder im Erweiterungsbereich des Gewerbeareals ein Stück Wiese anzumieten.

Und da war sie wieder. Die Idee vom Vortag, Hundewiesen einzurichten. Ortsnah, aber nicht in die Orte hinein platziert. Lärm und Hundekot könnten sich zu einem großen Teil in der freien Natur verflüchtigen. Hundevereine könnten sich mit einbringen, indem ihnen ein Teilbereich nur für den Verein zugestanden würde, sie dafür den öffentlichen Bereich mitbetreuen müssten. Dass jeder Hundehalter Hundesteuer zahlt, sei in diesem Zusammenhang nicht nur am Rande erwähnt.

Ein Gedanke. Mehr nicht. Aber ich fürchte, dass solche Lösungen zu einfach wären. Also werden weiterhin gemeindliche Grünflächen und Parkanlagen herhalten müssen, mit der Konsequenz, dass sich auch weiterhin wir Eltern kleiner Kinder, wir Spaziergänger, Jogger, Radfahrer und wir Hundehalter arrangieren müssen, was uns doch so schwer fällt!

Ich wünschte meinem Gemeindenachbarn aus Bösensell alles Gute und fuhr nach Hause. Am Nachmittag machte ich mit Nori meinen üblichen Gang zur Wiese vorm Sportplatz, wo bereits mehrere Hunde gut gelaunt herum sprangen.

Geht doch auch so, dachte ich ein letztes Mal über meinen Hundeplatz nach, bevor ich beschloss, das Thema für meinen

Teil fallen zu lassen, sowie es die Hunde mit ihren Kot auf der Wiese taten.

Ein Strahlendblauer Himmel und eisige Kälte empfingen Nori und mich.

Weihnachten!

Wieso mein Hund kein Problem damit hatte, dass ein mit einem roten Mantel bekleideter Mann in das Fenster des Nachbarhauses einsteigen wollte, konnte ich nicht begreifen. Sonst verbellte er doch alles, was ihm nicht geheuer vorkam. Einen Weihnachtsmann mit lang wallendem, weißen Bart und einer roten Mütze auf dem Kopf, fand er auf jeden Fall völlig in Ordnung.

Bereits am Tag zuvor war uns der Pastor mit wehendem pechschwarzem Umhang über den Weg gelaufen. Auch da hatte Nori keine Angst gezeigt. Obwohl, ein wenig Respekt hätte er dem Talar und seinem Träger ruhig entgegenbringen können.

Respektabel fand mein kleiner Wuff allerdings den großen Knochen, den ihm Sabrina und Tobias, zwei nette Kinder aus dem Dorf, zu Heiligabend geschenkt hatten.

Ansonsten interessierte den Köter Weihnachten nicht die Bohne. Nicht einmal der mit bunten Glaskugeln und allerlei Glitzerzeug geschmückte Baum wurde für Wert befunden, mehr als nur einmal kurz angeschnuppert zu werden.

Auch hat Nori ihn nicht angepinkelt, wofür ich ihm sehr dankbar war.

Wieder einmal bestätigte sich mein Eindruck, dass für Hunde im Allgemeinen, und bei meinem Straßenköter im Beson- deren, als einziger Wertmaßstab die Fressbarkeit der Dinge um sie herum zählte.

Dass dieses so auch wieder nicht stimmte, bewies mir Nori in den folgenden Tagen. Weit mehr als sonst, offenbarte er sich als schmusiger, anhänglicher Hund.
Ein kleiner, äußerst lebendiger Teddybär, entpuppte sich bei näherer Betrachtung und vorsichtiger Nachfrage, als ein Hundewelpe.
Ich wünsche der Halterin von Herzen, dass dieser fröhliche Wuff sie für die Leiden und Mühen entschädigen wird, die sie und vor allem Ihre Tara erleiden mussten, bevor die Stolze Tara aufgeben musste.
Noch lange habe ich, an diesem dritten Tag nach Weihnachten,
über den zuvor geschriebenen Satz nachgedacht. Ich habe mich noch einmal an meine Gedanken über den Wert und die Wertigkeit von Hunden, Katzen, Karnickel, Hamster und Meerschweinchen, Goldfischen und Piepmatze, also über Haustiere für uns Menschen nachgedacht.
Mein Fazit: Leute, macht Euch Eure Gedanken!

Der letzte Tag des Jahres ist angebrochen, in dem ich auf den Hund gekommen bin. Es war ein spannendes Jahr! Hunde-technisch betrachtet. Ein verändertes Leben durch Hund, aber kein Hundeleben.
In wenigen Stunden wird meine Familie, die mir das Wichtigste ist, ins neue Jahr hinüberwechseln. Meine Frau, unsere Kinder, unsere Geschwister und unsere Freunde werden gemeinsam ins neue Jahr hineinfeiern; nicht alle am selben Ort, aber gewiss gedanklich verbunden.

Ein Fest für uns Menschen
Nori, unser Hund, wird auch dabei sein. Er wird von allen Seiten gefüttert werden und am Neujahrstag Durchfall haben.

Das, den unnötigen Krach um Mitternacht und unsere sonstigen Fehler mögen uns die Tiere verzeihen.

Ende